돌·물·길

생활과학 에세이 ❹

돌·물·길

· 성지순례기행 ·

강찬형 지음

무지개꿈
Rainbow Dream

contents

들어가는 글 • 6

I 돌

- **01** 무덤과 신전 • 15
- **02** 이집트 • 28
- **03** 돌베개 • 37
- **04** 이스라엘 • 44
- **05** 요르단 • 50
- **06** 갈릴리 산지 • 57
- **07** 사사 • 69
- **08** 베드로 • 77
- **09** 마사다 • 84
- **10** 철원鐵原 • 89

II 물

- **11** 나일강 • 101
- **12** 비옥한 초승달 • 107
- **13** 우물 • 114

14 헬몬산과 요단강 • 122
15 갈릴리 호수 • 131
16 사해 • 137
17 중동 평화 • 149
18 수원 • 171
19 금정과 합정 • 181
20 고래논과 천수답 • 186

III 길

21 예루살렘 • 197
22 천로역정 • 207
23 천국의 도로 • 217
24 이생의 도로 • 221
25 십자가의 길 • 230
26 성자들의 행진 • 237
27 생명책 • 243
28 교동짬뽕 • 249
29 야금학자 • 254
30 선한 사마리아인 • 260

끝내는 글 • 264

들어가는 글

필자는 지금부터 10여 년 전인 2013년 6월 30일부터 7월 10일까지 이집트, 요르단, 이스라엘을 잇는 이른바 성지순례를 다녀왔다. 서울신학대학교에서 주관하는 행사여서 신학생들과 교계 인사들이 동행하였다. 총원이 23명이었다. 당시 본인이 출석하던 하나교회에서 장애영 사모님과 이정란 권사님과 필자의 처인 권숙미 등 4명이 참가하였다. 여행하면서 이번 여행을 몇 마디로 정리하면 무엇이라고 요약할 수 있을까를 생각하게 되었는데 '돌·물·길'이란 말이 생각났다. 성지순례 과정에서 가 보는 곳이 점점 늘어날수록 이 말이 적당하다고 생각되었다. 세 단어 모두 한 자로 이루어지고 'ㄹ' 받침으로 끝나는 순우리말이고,

기독교적인 뜻을 함축하고 있다는 생각이 들었다. 그러나 현직에 있을 때는 글로써 종합적으로 정리할 시간이 적절하지 않았는지, 글로 쓸 엄두를 내지 못하고 머릿속에 정리만 하고 있었다. 그러다가 세월이 흘러 나이를 먹고 정년퇴직하게 되었다. 그 뒤 백수로 놀다가 우연한 기회에 글을 쓰게 되고, 독립출판사를 설립하고, 책을 출간하기에 이르렀다. 그런데 다섯 번째 책을 출판하기 위하여 이 글을 쓰다가 80% 정도 써놓은 파일을 모두 날려버리는 어처구니없는 실수를 저지르고, 기억에 의존하여 글을 다시 썼다.

이번 여정을 날짜별로 표시하면 다음 페이지의 지도와 같다.
인천공항에서 출국하여 일본 오사카에 가서 이집트 항공기를 타고 중동으로 날아갔다. 아침에 비행기가 이집트 카이로에 도착하자마자 이집트 국내 항공기로 바꿔 타고 바로 룩소르로 이동하였다. 성지순례 제1일은 룩소르에서 카르나크 신전과 룩소르 신전을 구경하고, 나일강 건너편에 있는 '왕의 계곡'에 가서 고대 이집트 왕의 바위 속 무덤을 둘러보았다. 두 번째 날에는

| 이집트, 이스라엘 지도 |

비행기 편으로 카이로로 이동하여 기자 지구에 있는 피라미드와 스핑크스를 둘러본 후 오후에 카이로 시내의 기독교 유적지를 둘러보고 나일강의 유람선을 타 보았다. 제3일에 버스로 카이로를 빠져나와 나일강 삼각주의 남단을 지나서 모세의 출애굽 여정을 생각하며 홍해를 끼고 시나이반도를 남하하였다. 시나이반도의 남쪽 끝을 돌아 시내산에 있는 숙박지에 여장을 풀었다. 다음날인 제4일 미명에 일어나서 시내산을 등정하고 산 정상에서 일출을 보았다. 하산하여 시나이반도의 동쪽 홍해 해안에 있는 유적지를 몇 군데 둘러본 후 에일랏 항에서 이스라엘로 입국함으로써 이집트 방문 일정을 모두 끝냈다.

이스라엘로 입국 절차를 밟을 때는 조금 긴장되었지만, 입국 후에 바로 버스를 타고 요르단 땅인 건너편의 아카바로 넘어가서 호텔에 투숙하였다. 다음날 제5일에는 요르단 땅을 북상하여 페트라와 카락을 거쳐 느보산을 구경하고 수도인 암만에 들어가서 일박하였다. 제6일에 알렌비 다리를 건너 이스라엘에 재입국하여 사해 지역을 관찰하고 여리고 시내에 들어가서 성곽과 우물 등을 구경하였다. 제7일에는 요단강을 따라 북상하여 벧산 등을 거쳐 갈릴리 호수 지역으로 이동하였다. 예수의 주요 사역지인 갈릴리 호수 근처를 구경하고 북쪽에 있는 단(Dan)과 가이사랴 빌립보에 가 보았다. 다음날일 제8일에 서쪽에 있는 갈릴리 산지로 이동하여, 가나, 나사렛, 므깃도, 갈멜산, 가이사랴 등을 둘러보았다. 그 뒤에 지중해 연안을 따라 남하한 후, 서쪽으로 꺾어서 예루살렘에 입성하였다. 제9일에는 예루살렘의 유적지를 관람하였는데 성곽 내의 양의 문, 베데스다 연못, 십자가의 길, 골고다 언덕, 통곡의 벽과 성문 밖 기드론 골짜기 건너에 있는 감람산에 올라가 보고, 예수의 탄생지인 베들레헴 유적지도 방문하였다. 저녁에 텔아비브로 이동하여 인천공항으로 출발하는 우리 국적기에 탑승하여 귀국하였다.

실수로 작성하던 문서 파일을 날려버린 후 글을 다시 쓰면서 문서 백업에 신경을 많이 썼다. 글을 다시 쓰는 과정에서 완성하는 시간은 늦어졌지만, SNS에서 해당 항목을 검색하여 교차로 검증하는 방법이 있다는 것을 알게 되어 참으로 유익하였다. 이를 통하여 주위에 있는 사람들의 조언이 중요하다는 것을 새삼 느끼게 되었다. 이 과정에서 서울신학대학교의 성지연수단이 배포한 '성지연수 핸드북'이 큰 힘이 되었음을 밝혀둔다.

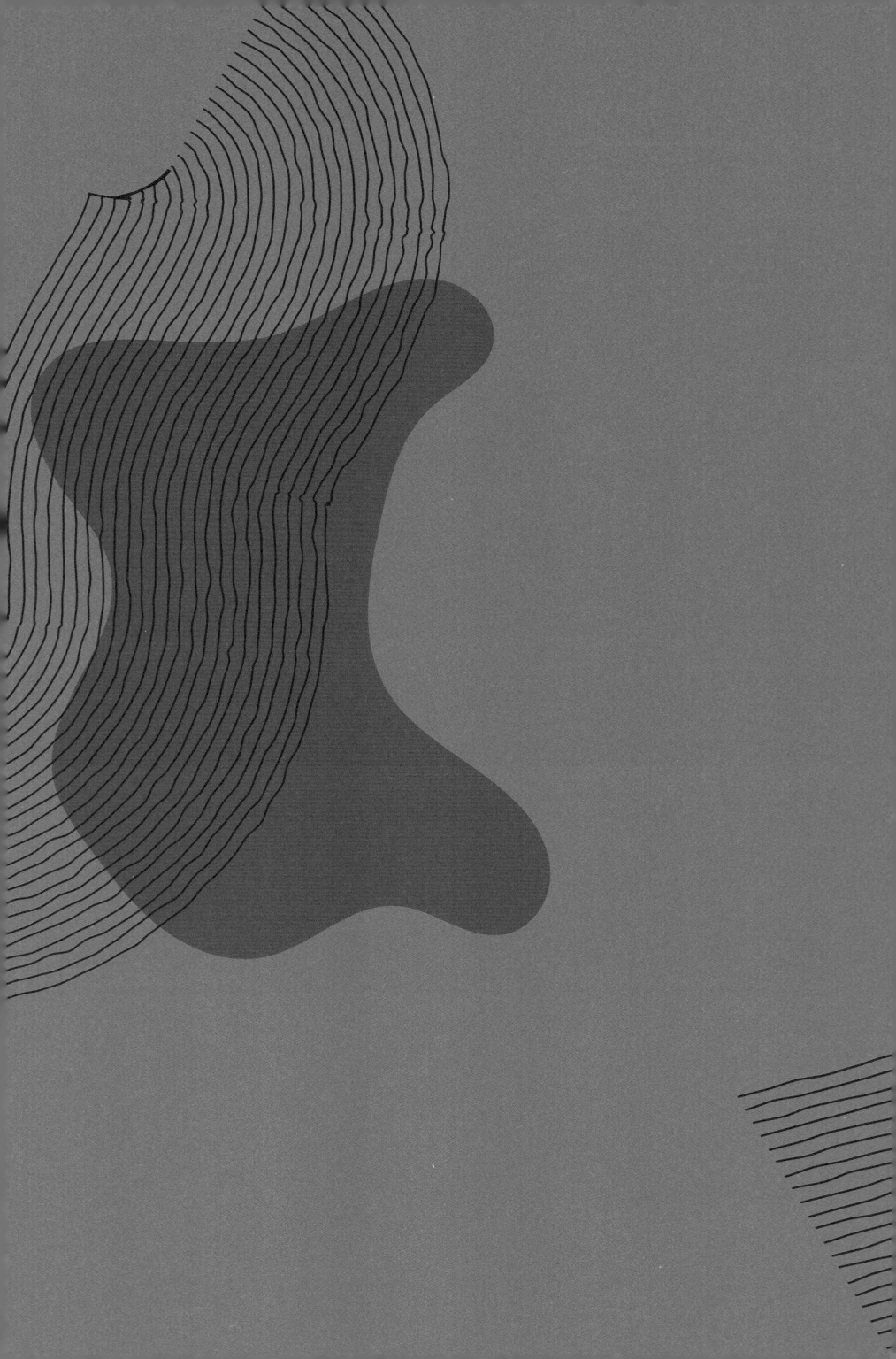

I

돌

01
무덤과 신전

　　　　　　　이집트 하면 우선 머리 속에 떠오르는 것이 거대한 피라미드다. 피라미드(Pyramid)는 보통 정사각형의 바닥 위에 옆면이 네 개의 삼각형으로 된 뿔 모양의 고대 유적을 말한다. 이집트 이외에 중국, 메소포타미아, 중앙아메리카 등에서 피라미드 형태의 유적이 발견되고 있다. 이집트의 피라미드는 국왕, 왕비 등 지배계층의 무덤이었을 것으로 추정된다. 피라미드에서 미라가 여럿 발굴되었을 뿐 아니라 미라가 안치되었던 방에서 매장에 필요한 석관, 항아리 등이 출토되었기 때문이다. 이집트의 피라미드는 북쪽으로 카이로 북부에서 남쪽으로 수단까지, 나일강을 따라 약 1,500km가 넘는 지역에 흩어져 있다. 대

약 3,000년에 걸쳐 300개 이상 지어졌다. 이들은 대부분 나일강 서안(西岸) 사막지대에 흩어져 있다. 카이로에서 남서쪽으로 약 12km 떨어진 기자(Giza) 지역에 있는 세 개의 큰 피라미드가 유명하다.

이들 피라미드의 높이는 약 147m이며, 밑변의 길이는 약 230m이다. 원래 꼭대기에는 금으로 된 피라미드석이 있었는데 도난당해 지금은 대부분 윗면이 작은 사다리꼴 모습을 하고 있다. 피라미드는 약 230만 개에 이르는 바위들로 이루어져 있다. 이 바위들은 인근 채석장에서 끌어왔을 것으로 추정된다. 피라미드의 외벽용 석회암은 나일강을 통해 멀리서부터 운반해 왔을 것으로 알려졌다. 피라미드에서 가장 큰 바위는 왕의 방을 이루는 바위인데, 약 80톤에 이르며 800km나 떨어져 있는 나일강 상류의 채석장에서부터 운반되었다. 고대 이집트인들은 바위의 가공을 금속 끌과 나무쐐기로만 진행했다. 끌로 나무쐐기를 바위에 박은 후, 물을 부으면 쐐기가 이를 흡수하여 팽창하게 되는데, 이 힘으로 바위를 쪼갠 것으로 생각된다. 바위를 쪼개낸 이후에는, 나일강을 통하여 피라미드까지 운반하였을 것이다. 대 피라미드를 짓는 데 들어간 석재들의 전체 무게는 약 5,900만 톤으로 추정된다. 작은 돌은 2톤 정도이지만 큰 돌은 무려 50톤에 달하는데 평균 돌의 무게는 약 2.5톤이다.

피라미드는 갑자기 나타난 양식이 아니라 처음에는 벽돌식 단층 무덤에서 시작하였다. 이를 더 높고 웅장한 형태로 변형하여 계단식 피라미드를 만들었다. 이후 현재의 피라미드 형태로 건설하려 시도했으나 당대의 기술이나 경험의 부족으로 인하여 붕괴하였다. 이집트인들은 이에 포기하지 않고 다시 피라미드를 지었는데 피라미드 각이 너무 예각이었던 탓에 다시 붕괴 위험에 시달렸다. 어쩔 수 없이 공사 중 각도를 수정할 수밖에 없었다. 이를 굴절 피라미드라고 한다. 여기서 만족하지 않고 더욱 미적으로 완성된 피라미드를 짓기 위해 노력했으며, 현재 우리가 보는 모양의 피라미드가 완성되었다. 이후 평민들까지 피라미드를 세울 수 있게 되면서 사람 크기 정도의 작은 피라미드도 만들어졌다.

20여 년에 걸쳐 연인원 약 10만 명의 인부들이 강제 노역을 통해 피라미드가 만들어졌다는 것이 통설인데, 최근의 발굴 조사로 사람들의 인식이 바뀌었다. 피라미드 근처에서 인부들이 살았던 숙소, 공방, 저장고, 자재 관리소, 관리들의 저택과 인부들이 만든 낙서 등의 흔적이 발견되었다. 이곳 묘지의 벽화로부터 인부들이 빵, 고기, 채소를 먹었다고 유추할 수 있다. 발견된 유물과 상형문자는 마을 사람들이 노예처럼 착취당한 것이 아니라 생활 조건에 만족하며 일했음을 보여 준다. 아마도 나일강의 범람이나 가뭄으로 할 일이 없어진 농한기에 농부들이 급료를 받고 일했다고 추정된다. 당시 위정자들이 일종의 공공 근로를 통해 농민들의 소득을 보전해 주었다고 생각된다. 공사에 동원된 사람들 숫자도 2만 명 내외였다고 추정된다.

 기자 지역에 있는 규모가 가장 큰 세 개의 피라미드는 쿠후(Khufu), 카프레(Khafre), 멘쿠레(Menkure) 파라오에 의해 세워졌다. 당시 이집트의 파라오(Pharaoh)는 최고통치자인 왕이면서 또한 신이었다. 쿠후의 피라미드 남서쪽에는 이보다 약간 작은 체프렌의 피라미드가 있다. 이 피라미드의 동쪽에 돌덩이 하나에 조각된 스핑크스가 세워져 있다. 스핑크스(Sphinx)는 그리스어로 사자의 몸에 사람의 머리가 달린 상상 속의 동물이다. 체프렌의 스핑크스는 몸체 길이가 70m이고 높이는 21m이다. 사자 모양의 앞발 길이는 15m가 되며, 사람 모양인 얼굴의 폭은 4m이다. 얼굴의 코 등은 나중에 우상이라고 낙인되어 훼손되었다. 세계 곳곳에 스핑크스 모양의 조각상이 전시되어 있는데, 관광객들이 접근할 수 있으면, 대부분 스핑크스의 발 부위를 만지고 지나가서 그 부분이 반들반들하다.

 세계 7대 불가사의(世界七大不可思議)는 사람이 만들어 낸 경이로운 건축물 일곱 가지를 일컫는다. 이 명칭은 BC 약 3세기부터 쓰이기 시작하였으며, 당시의 그리스인들이 보고 들어서 알던, 주변의 웅대한 건축 및 예술 작품을 일컫는다. 중국의 만리장성, 인도의 타지마할이 언급되지 않은 것으로 보면, '세계'라는 말은 헬레니즘 문명권을 뜻한다고 보인다. 세계 7대 불가사의로 이집트의 피라미드, 바빌론의 공중 정원, 알렉산드리아의 등대, 에페소스의 아르테미스 신전, 할리카르나소스의 마우솔레움, 올림피아의 제우스 상, 로도스의 거상을 꼽는데, 이들 중 피라미드가 가장 오래된 건조물로서 유일하게 지금까지 건재하다.

피라미드는 세월이 흐르면서 재정 악화나 다른 건축물인 장제전 등의 건축 증가로 인하여 규모가 축소되었고, 건축 기법도 내부를 작은 돌로 채우고 바깥쪽에만 큰 돌을 쓰는 방식으로 바뀌었다. 이런 구조는 붕괴에 취약하여 보존 상태가 좋지 않다. 그 뒤 고왕국이 멸망하면서 '귀족의 자식이 노예가 되고 노예의 자식이 귀족이 되는 세상'이 되는 등 엄청난 정치 및 사회적인 혼란기가 있었다. 이러한 혼란의 시대가 근 2백 년간 있었다. 이 때문에 피라미드 같은 거대하고 복잡한 건축물을 축조할 수가 없었고, 건축 자재로 쓰기 위하여 기존의 피라미드를 훼손하기까지 하였다. 결국 중왕국 시대에 이르면 진흙으로 속을 채우고 외벽은 석회암으로 마감한 피라미드를 만들었다. 중왕국 후기에 이르러서는 외부의 침입으로 피라미드를 만들 시간도 없어서 그

냥 바위산에 굴을 파고 시신을 매장했다.

이집트가 다시 국력을 회복한 신왕국 시대에 와서 수도를 멤피스에서 남부의 룩소르로 옮기면서 최고신도 태양신 '레(Re)'에서 창조신 '아문(Amun)'으로 바뀌게 되는 등 피라미드를 건축할 이유가 사라졌다. 왕의 시신은 주로 나일강 건너편의 '왕가의 계곡'에 매장했다. 피라미드는 사람들 눈에 쉽게 띄어 수천 년간 도굴꾼들에게 시달렸다. 그래서 사막 속 암반 계곡에 굴을 파고 왕족의 미라와 부장품을 안장한 것이다. 당시 왕족들도 피라미드 건축법을 재건하여 막대한 비용을 지출하는 대신에 도굴로부터 그나마 더 안전한 장례지 선정을 마다할 이유가 없었을 것이다. '왕가의 계곡'은 오랫동안 비밀 장소였다가 19세기 들어서 발견되었는데, 무덤은 대부분 이미 도굴당한 상태였다.

룩소르(Luxor)는 이집트의 남부에 있는 도시로 고대 이집트 시대부터 존재해 왔으며 옛날에는 테베(Thebes)라고 불렸고 구약성서에는 '노'로 언급되어 있다. 매년 수천 명의 관광객들이 룩소르를 찾고 있다. 주민들은 주로 사탕수수 농사에 종사하며, 경제는 주로 관광업에 의존하고 있다. 나일강 동쪽이 도시의 중심으로 왕궁, 신전, 행정관청, 주거가 밀집되어 있었는데 석조로 이루어진 룩소르와 카르나크 두 신전을 제외하면 모두가 벽돌로 만들어져 있다. 나일강 서쪽은 죽은 자들의 도시로써 왕묘, 왕의 장제전, 귀족의 묘들이 집중되어 있다. 나일강을 사이에 두고 이렇게 판이하게 도시를 배치하기는 당시 이집트인의 세계관과 종교관을 따랐기 때문이다. 신전은 상당히 오랫동안 모래에 파묻혀 있었다. 모래 위로 드러나 있는 부분은 도굴꾼들의 좋은 먹이였다. 사태의 심각성을 깨달은 이집트 당국은 유적의 발굴과 보존에 나섰다. 유적의 넓이가 엄청나고, 기타 사정으로 인해 전체의 10%밖에 발굴되지 않은 상태라고 한다. 신전 지하에 큰 수맥이 흐르고 있어서 아무리 노력해도 신전은 저절로 무너져 가고 있다.

　룩소르 신전은 룩소르 도시의 나일강 동쪽 둑에 있는 대형 신전이다. 대략 BC 1,400년경에 건립되었다. 제18왕조의 아멘호테프 3세가 건립하고 제19왕조의 람세스 2세가 중축하였다. 꽃이 피어 있는 파피루스와 꽃이 피어 있지 않은 파피루스 기둥이 특별하다. 높이 16m의 원주열(圓柱列)은 주랑 측벽(側壁)에 있는 투탕카멘왕의 축제 내용을 새긴 얕은 부조와 함께 신전 중에서 가장 뛰어난 부분이다. 룩소르 신전을 방문했을 때, 웬 젊은이가 다가오더니 필자에게 시비를 건다. 자기 사진을 허락도 없이 찍었으니, 초상권으로 돈을 달라고 한다. 한참을 옥신각신하다가 1달러를 주고 신전의 유물을 배경으로 그 친구 사진 한 장을 찍었다. 도시의 특성상 이런 사람들을 당국이 단속하여 별로 걱정할 게 없다는 말이 틀렸음을 알 수 있었다.

카르나크(Karnak) 신전은 룩소르 신전 북쪽 3km 지점에 있다. 룩소르 신전과 스핑크스 조각상들이 일렬로 서 있는 스핑크스 대로로 연결되어 있다. 현존하는 신전 가운데 최대 규모인 카르나크 신전은 BC 2,000년경부터 건립되기 시작했는데, 역대 왕에 의해 증축과 개축이 되풀이되었다. 현재의 신전은 신왕국 시대로부터 1,500년 뒤인 프톨레마이오스 왕조에 이르는 긴 시간에 걸쳐 건립된 10개의 탑문, 람세스 1세로부터 3대에 걸쳐 건설된 대열주실, 제18왕조의 투트모세 1세와 그의 딸로 여왕이 된 핫셉수트가 세운 오벨리스크, 투트모세 3세 신전, 람세스 3세 신전 등으로 구성되어 있다. 특히 높이 약 23m의 석주 134개가 늘어선 대열주실은 너비 약 100m, 안쪽 깊이 53m로 안쪽의 오벨리스크와 함께 보는 이들을 압도한다. 오벨리스크 중 한 개가 프랑스 파리의 콩코드광장에 세워져 있다. 오래된 이집트의 유적은 로마를 비롯한 후세의 유럽인들에게 경이와 부러움의 대상이었을 것이다. 오벨리스크 모양의 건조물이 미국의 수도인 워싱턴 DC와 오래된 도시 중 하나인 보스턴에도 존재한다.

나일강의 건너편에 있는 '왕가의 계곡(Valley of the Kings)'은 제

18왕조부터 제20왕조까지 약 500년에 달하는 신왕국 시대의 파라오와 귀족들이 묻힌 곳이다. '왕가의 계곡'은 고대도시 테베의 나일강 건너 서안의 와디(Wadi) 지형을 기반으로 암반을 깎아 조성되었다. 18세기 말부터 고고학자들의 탐사가 시작되었으며 현재까지도 무덤 연구가 지속되고 있다. 특히 1922년 투탕카멘의 무덤 발견 이후 세계에서 가장 유명한 고고학 유적지로 남게 되었다. 왕릉의 경우 이집트 신화의 전통 벽화로 장식되어 있으며 그 시대의 장례 절차와 사후 세계관을 보여 주는 생생한 증거가 되고 있다. 대다수 무덤이 고대부터 노출되어 도굴된 것으로 추정되나, 이집트 파라오가 지녔던 부와 권력을 가늠하기에 부족함이 없다.

테베 고원에는 알쿠른산이 우뚝 솟아 있는데, 이 산은 피라미드 모양을 하고 있다. '왕가의 계곡'이 처음 조성되기 천여 년 전에 있었던 고왕국 시대의 피라미드를 닮았다고 여겼을 것으로 추정된다. 계곡 자체가 고립되어 있어 일반인의 접근이 쉽지 않았고, 무덤 파수꾼을 두어 묘지 지역을 지켰다. 신왕국의 아흐모세 1세가 힉소스를 물리치고 이집트를 다시 통일한 이후 제18왕조의 파라오들은 되찾은 새로운 권력을 통해 정교한 무덤을 건설하는 일에 집중하기 시작하였다. 제18왕조의 초대 국왕인 아흐모세 1세는 제17왕조 때에 조성된 무덤에 안장되었고, '왕가의 계곡'에 처음으로 안장된 국왕은 아멘호테프 1세와 투트모세 1세였다. 이렇게 만들어지게 된 '왕가의 계곡'은 BC 1539년부터 BC 1075년까지 역대 파라오의 공동묘지로 사용되었다. 투트모세 1세부터 람세스 11세에 이르기까지 이곳에 조성된 무덤의 수는 총 63곳에 달한다.

'왕가의 계곡'에는 이름과 달리 귀족들이 이 지역에 묻히기도 하였다. 국왕에게 촉망받았던 귀족은 물론 그 가족까지 묻히는 경우가 있었으며, 이는 파라오의 가족도 마찬가지였다. 따라서 '왕가의 계곡' 내에서 '왕릉'이라 부를 만한 곳은 20여 기에 불과하다. BC 1301년 람세스 1세 시기에는 여왕을 위한 공동묘지로서 '여왕의 계곡'이 조성되기도 했다. '왕가의 계곡'에 조성된 왕릉은 도굴 방지를 위해 수직 갱도를 만들고 관을 숨기는 등 여러 가지 방법을 썼지만, 도굴꾼들을 막을 수 없었다. '왕가의 계곡'에서 도굴당하지 않은 묘는 투탕카멘 묘밖에 없다고 알려진다.

18세기 이전에는 이 지역은 유럽인들의 관광지에 불과했는데, 특히 로마제국이 이집트를 점령할 당시에 외부인의 방문이 잦았다고 한다. 고대 그리스, 로마 시대에 외부인이 '왕가의 계곡'을 자주 방문했음을 보여 주는 증거로 계곡 내 무덤 곳곳에서 발견되는 수많은 낙서가 있다. 고대 그리스어와 라틴어로 된 낙서의 수가 2,100건 이상으로 파악되고 있으며, 페니키아어, 콥트어 등의 소수 언어로 적힌 낙서도 심심찮게 발견되었다. 가장 오래된 낙서의 연대는 BC 278년으로 거슬러 올라간다.

'왕가의 계곡'은 18세기 말부터 근대 이집트 연구의 총본산으로 변모했다. 1799년 나폴레옹의 이집트 원정 당시 동행한 프랑스 고고학자들이 '왕가의 계곡'을 방문하여, 계곡 전체 지도와 당시 알려진 무덤의 평면도를 처음으로 작성하였으며, 서쪽 계곡의 아멘호테프 3세 무덤에 대해서 처음으로 기록을 남겼다. 19세기 중반부터 유럽인의 테베 유적 탐사가 본격적으로 시작되었다. 때마침 이집트 상형문자의 해독이 처음 이뤄지면서, 계곡의 무덤 내에 있는 글귀를 완전히 해독할 수는 없어도 신왕국 시대 파라오들의 무덤임을 알아내게 되었다. 이와 더불어 '왕가의 계곡'에 있는 각 무덤에 번호를 매기기 시작하였는데 이는 지금까지도 지켜지고 있다. 19세기 후반에 이르러서 '왕가의 계곡'을 방문한 유럽 고고학자들은 단순한 유물의 수집보다 무덤 보존을 위한 노력을 더 많이 기울였다.

20세기 들어 영국의 고고학자가 여러 개의 무덤을 새로 발견하고, 일부 무덤의 내부를 발굴하였다. 20세기에 접어들 무렵에는 미국의 탐험가가 발굴 허가를 받아 여러 개의 왕족 무덤과 일반 무덤을 발굴하였다. 이후 '왕가의 계곡' 전역의 탐사를 완료하였으며, 더는 무덤이 발견되지 않는다고 발표하였다. 그 뒤 '왕가의 계곡'의 발굴 허가는 영국의 학자들에게 넘어갔다. 영국의 발굴단은 계곡 전체에 대한 체계적인 수색 끝에 1922년 11월 투탕카멘의 무덤을 발견하는 데 성공한다. 현재도 '왕가의 계곡'에서는 새로운 무덤이 발견되고 있으며, 기존에 발굴된 무덤에 대한 재조사와 더불어 테베 유적지 연구에 보탬이 되고 있다.

무덤 대부분은 일반인에게 공개되지 않고 있다. 동쪽 계곡의 무덤 중에서 18곳은 일반에 개방되어 있으나 이마저도 모든 무덤이 동시에 개방하는 경우는 거의 없다. 관계자의 복원 작업을 위해 폐쇄되는 경우가 있기 때문이다. 투탕카멘의 무덤을 방문하는 관광객에게는 별도 입장료가 부과된다. 서쪽 계곡에는 개방된 무덤이 단 한 곳뿐이며 이곳 역시 별도 입장료가 부과된다. 예전에는 무덤 내 가이드의 설명이 가능했으나 현재는 불허되어 무덤 입장 시 일렬로 조용히 줄 서서 통과해야 한다. 이 같은 조치는 외부인이 무덤에 머무는 시간을 최소화하고 장식으로 가득한 무덤 내부의 손상을 방지하기 위함이다. 1997년에는 '왕가의 계곡' 인근 유적지에서 이슬람 무장세력이 테러를 일으켜 관광객과 현지인 여럿이 목숨을 잃는 사건이 발생하여 '왕가의 계곡'을 방문하는 관광객의 규모가 감소한 일이 있었다.

나일강의 서편에는 '왕가의 계곡'의 무덤군 이외에 장제전이 유명하다. 가장 잘 알려진 장제전은 핫셉수트 장제전이다. 이는 18왕조의 핫셉수트 여왕이 8년에 걸쳐 건축한 장제전으로 '왕가의 계곡' 뒤편에 있다. 여왕 자신과 여왕의 부친인 투트모세 1세를 기념하기 위한 신전으로 이 신전 지하에 여왕의 시신이 매장되어 있다고 알려져 있다. 신전 3층에는 과거에 콥트교 수도원이 들어서 있었다고 하나 지금은 모두 철거되었다.

멤논의 거상은 룩소르의 나일강 서쪽에서 제일 처음으로 만나는 두 개의 석상을 말한다. 원래 아멘호텝 3세의 신전 입구에 있었는데, 신전은 범람이 잦은 평지에 가까이 세워져 이제는 자취를 감추고 두 개의 석상만이 길옆에 남아 있다. 높이가 약 18m인 이 석상은 파라오가 옥좌에 앉아 두 손을 무릎 위에 올린 모습을 하고 있다. 석상 중 하나는 거대한 바위 하나를 조각한 것이고, 다른 하나는 여러 개의 바위를 쌓아가며 조각한 것이다. 석상은 BC 27년에 지진으로 금이 생겼다. 그즈음에 그리스 여행객들이 그리스 신화에 나오는 멤논을 닮았다고 여겨서 '멤논의 거상'이라는 이름이 붙여졌다고 한다.

02
이집트

오늘날의 이집트는 아프리카 대륙의 북동쪽에 있는 정방형의 나라이다. 이집트라는 이름은 수도였던 멤피스를 의미하는 말에서 파생된 단어라고 한다. 이것이 당시 그리스(헬라)어로 음역(音譯) 되면서 오늘날에는 영어로 바뀌고 국제적으로 통용되었다. 이집트 사람들은 자기 나라나 민족을 '미르(Mir)'라고 부르고 있다. 외국인의 귀에는 이 말이 '마르'로 들린다고 한다. 우리나라도 국제적으로는 '코리아(Korea)'라고 통용되지만, 우리끼리는 '대한민국'이나 '한민족'이란 말에서 보듯이 '한(韓)'이라고 하지 않는가? 역사적으로 이집트는 '두 개의 나라'라고 불리었다고 하는데, 이것은 이집트가 상부와 하부로 나눌 수

있음을 보인다. 히브리어로 이집트를 '미츠라임'이라고 한다는데, 이 말은 쌍수 어미형을 지닌 단어로서 이집트가 두 개의 지역으로 구분되어 있음을 보여 주는 명칭이다.

지금부터 약 6,000년 전 이집트는 정치, 종교, 문화적인 정서가 서로 다른 나일강 삼각주의 하부 이집트와 나일강의 상류인 상부 이집트로 나누어졌다. 상부 이집트는 사막화가 진행되면서 이용할 만한 토지가 점차 줄어들고 생산성도 떨어져 가는 나일강 강변의 좁고 긴 지역을 말한다. 하부 이집트는 오늘날 카이로 북부에 부채꼴 모양으로 펼쳐있는 인구가 밀집된 풍요로운 땅으로 다른 이민족들과의 교류가 육지와 바다를 통해서 활발하게 이루어지던 지역이었다. 그 후 1,000여 년에 걸쳐 끊임없이 적대하고 경쟁하던 상부와 하부 이집트는 BC 3000년 무렵 상부 이집트에 의해 최초로 통일되어 수도는 중간지점인 나일 델타 곡창지대가 시작되는 멤피스에 건설되었다.

이집트의 통일은 이집트가 강력한 사회적인 힘을 갖게 되고 이집트 문명의 비약적인 발전의 계기가 되었다. 이 시기를 제1왕조, 제2왕조라고 하는데 이집트는 정부 조직과 행정 체계, 건축과 토목 기술, 예술 등 모든 면에서 발전을 이룩하였다. 이때 이집트 문자 체계가 정비되었고, 1년을 365일로 하는 역법이 완성되었다. BC 약 2800년경의 제3왕조에서 최초로 피라미드를 건조하였다. 그러나 피라미드 역사의 진정한 주인공은 제4왕조에서 나타났다. 제4왕조의 초대 왕과 그의 후계자는 대피라미드를 기자(Giza) 지역에 세운다. 제4왕조는 고왕국이 정점에 도달한 시기였으며, 사람인 동시에 신이기도 했던 파라오의 왕권이 절대적이었던 시기였다. 제5왕조에서는 태양신 숭배가 절정에 이른다. '오시리스' 신을 대신하여 태양신 '레'가 최고의 신이 되었고, 군주들은 태양신의 아들임을 자처했으며, 태양신을 위한 신전이 건축되었다. 제5왕조 군주들의 무덤인 피라미드 벽화에는 이집트인들이 벌인 대외원정 사업이 그려져 있다. 제5왕조부터 흔들리기 시작한 군주의 절대 권력은 제6왕조 때 완전히 약화되고, 이후 이집트는 폭력과 내전으로 점철되고, 비관과 혼란이 가득한 제7~10왕조의 제1중간기를 겪게 된다.

제11왕조(BC 2133~1991)와 제12왕조(BC 1991~1785)에 해당하는 중왕국 시대는 테베를 중심으로 이루어지는데, 오랜 고난과 투쟁 끝에 상부와 하부 이집트의 재통일도 이룩한다. 통일은 모든 계층의 이집트인들에게 향상된 삶을 가져왔으며, 백성들의 환영을 받았다. 당시의 파라오는 이집트의 내부 통일 후 바로 외부 원정에 나서 성공하였다. 이러한 원정의 책임자였던 사람이 제12왕조를 연다. 이 왕조시대는 이집트 역사상 가장 찬란한 시기가운데 하나로 손꼽힌다. 이집트 역사의 황금기라고 하는 이 기간은 평화와 안정의 시기였으며, 신인 동시에 인간이었던 파라오들이 인간 쪽에 더 가까워진 시기였다. 제12왕조 초기부터 번영하는 이집트는 외국인들, 주로 아시아인들을 끌어들이기 시작했으며, 통상 외교의 확대로 이집트에 외래문화가 밀려오기 시작했다. 여러 가지 원인으로 인하여 제12왕조 말부터 점차 국가의 통제권이 약해지고, 나라가 분열되면서 제16왕조와 제17왕조 시기에는 이전에 이집트 땅에 들어와 정착한 외국인들이 이집트를 지배하기에 이르렀는데, 이들을 힉소스라고 부른다. 아시아인들의 지배는 이집트에 새로운 문물이 유입되는 전기가 되었다. 새로운 악기와 음악 양식, 청동 세공술에서 도자기 제조, 베 짜기에 이르기까지 다양한 기술 혁신이 이루어지고, 새로운 품종의 곡식이 도입된다. 전쟁에는 새로운 유형의 무기와 철병거가 등장하였다. 제13왕조 때부터 힉소스 지배가 끝날 때까지의 혼돈기를 제2중간기라고 부른다.

제18왕조로 시작되는 신왕국 시대는 이민족 힉소스의 지배를 벗어던지기 위해 여러 대에 걸쳐 투쟁하던 테베의 왕가 출신 파라오가 열었다. 그는 힉소스의 세력을 나일강 삼각주 지역에서 소탕하고, 상부와 하부 이집트를 재통일하였으며 이집트의 옛 영토를 회복했다. 그 후 투트모스 3세는 스스로 이끈 여러 차례의 원정에서 승리하면서 이집트의 옛땅을 수복하고 아시아 지역을 편입하여 대제국을 건설하였다. 이러한 번영은 아멘호텝 3세 시대에서 절정에 달했다. 그는 황금의 호루스, 진리의 통치자, 상하 이집트의 왕, '레'의 아들이라는 칭호로 불렸다. 아멘호텝 4세는 테베의 수호신 '아문'을 버리고, 역사상 최초로 유일신의 신 개념을 확립한 종교 개혁자가 되었다. 신왕국 시대에 누렸던 영화는 1922년 '왕가의 계곡'에서 출토된 화려한 부장품들, 그중에서도 파라오 시신의 얼굴 덮개인 '투탕카멘'의 황금 가면 등으로 확인된다. 제19왕조는 아시아의 지배자가 된 히타이트 왕국을 무력으로 압도하고, 나일 삼각주로 들어오려는 리비아인들에게 효과적으로 대처하였다. 평화 조약과 혼인 동맹을 맺는 등 히타이트족과의 오랜 적대 관계를 청산하는 데 성공하였다. 제20왕조의 오랜 평화 시대가 가고, 왕권이 몰락하고 사제들이 정치를 농단하고, 외세의 침입을 받는 제21~25왕조가 이어진다. 제3중간기라고 불리는 이 혼돈과 좌절의 시기에 상부 이집트 전역과 멤피스가 약탈 되고, 외부 민족의 지배를 받게 된다.

  BC 663~332년의 후기왕조 시대는 이집트를 지배하던 아시리아인들을 무찌른 하부 이집트 나일강 삼각주 지역에서 제26왕조로부터 시작된다. 이 시대에 상업이 발달하고 해군력이 증강되었으며, 나일강과 홍해 사이에 운하가 건설되었고, 이집트와 그리스 사이에 교역이 발달하며, 그리스인들이 상인 또는 왕가의 용병으로서 이집트에 정착하였다. 제27왕조 시대에 페르시아가 이집트를 정복하고 총독을 두어 다스렸으나 이집트인들은 복종하지 않았다. 외세의 강점에도 불구하고 건축과 조각과 문학이 흥성했다. 페르시아 군주들의 암살, 사망, 아테네와의 마라톤 전투에서의 패전 등을 계기로 나일강 삼각주 지역에서 끊임없이 반페르시아 봉기가 일어났고, 그때마다 무자비하게 진압되었다. 페르시아에 대항하는 투쟁이 드디어 승리를 거두고 제28왕조가 열렸다. 제29왕조 시대에는 페르시아와 그리스의 세력 균형에 힘입어 이집트가 다시 국제 무대의 일원으로 복귀할 수 있었다. 제30왕조에서는 줄곧 번영을 누릴 수 있었으나 제30왕조의 마지막 군주가 페르시아군의 침입 저지에 실패함으로써 이집트인에 의한 왕조는 막을 내리게 되고 페르시아 군주들의 제31왕조가 들어섰다.

BC 332년 가을 알렉산더 대제가 이집트로 진군하자 이집트인들은 그들을 해방자로 환영했다. 알렉산더는 나일강 삼각주 서편에 알렉산드리아를 건설하였고, 지중해에 면한 이 항구 도시는 이집트 최대의 도시로 발전한다. 이집트 통치를 마케도니아, 그리스, 이집트인 행정관들에게 나누어 맡기고 떠난 알렉산더가 BC 323년 바벨론에서 사망하자 이집트는 우여곡절을 거쳐 마케

도니아 귀족 출신 프톨레마이오스 1세의 수중에 들어갔다. 프톨레마이오스 왕가에 권력 투쟁이 빈발하여, 전성기 시절의 영토를 많이 상실하게 되어, 마지막 100년은 로마의 보호 없이는 독립도 유지할 수 없을 만큼 약해졌다. 그러나 프톨레마이오스의 후손들은 BC 30년 안토니우스와 연대하여 옥타비아누스와 대결하려 했던 클레오파트라 7세가 악티움 해전에서 패하고 알렉산드리아가 함락당하여 자살할 때까지 300년 이상 이집트를 다스렸다. 프톨레마이오스 왕조의 알렉산드리아는 헬레니즘 세계의 중심이었고, 학문과 예술의 수준이 세계 최고인 도시였다. 야심적이고 보기 드물게 유능했던 클레오파트라 7세의 자살로 고대 이집트 시대는 막을 내리고 이집트는 로마제국의 속주가 되었다.

　로마 황제들은 이집트의 전통을 존중하였고, 이집트 문화의 영향이 로마에까지 파급되었다. 한편 기독교가 이집트로 전파되었다. 기독교는 초기에 박해를 받았으나 콘스탄티누스 황제 등의 보호 속에서 급격히 발전한다. 당시 로마 황제는 이집트의 모든 우상 신전을 파괴하라는 명령을 내렸다. 이집트는 그리스어를 사용하는 동로마 제국의 일부가 되었고, 비잔틴 제국이 기독교를 국교로 공인하자 이집트에서의 토착 종교는 거점을 점점 잃어 갔다. 기독교 수도자와 은둔자들이 급격히 늘어나고 이집트에 수도원이 등장하였다. 성서와 성자 및 순교자들의 삶에 대한 번역물이 주를 이루는 콥트 문학이 이집트에서 발달했다. 이러한 시대는 AD 616년까지 계속되었다.

그 뒤 이집트는 이슬람 세력에 의해 점령되어 아랍화 시대(640~1517)를 거쳐 1798년까지 오스만 튀르키예의 통치 시대를 경험한다. 1798년 나폴레옹의 이집트 정복으로 프랑스의 지배를 1799년까지 받는다. 이때 따라온 프랑스의 학자들에 의해 로제타 비문이 발견되고, 테베 지역의 고대 유물의 발굴이 시작되었다. 프랑스의 이집트 침공에 대항하기 위해 파견된 장군인 무하마드 알리(Muhammad Ali, 1769~1881)는 이집트 정착 후 정치, 군사, 경제 개혁을 단행함으로써 이집트 건설의 기초를 닦고, 수단을 정벌하고 팔레스타인 및 아라비아반도 파병 등을 통해 세력을 크게 확장하였다. 알리의 뒤를 이은 이스마일(Ismail the Magnificent, 1863~1879)은 수에즈 운하 건설 등 대규모 국토 개발을 추진함으로써 외채가 상당히 누적되었다. 1876년 외채 상환이 정지됨에 따라 유럽 국가들이 참여하는 공채정리위원회가 국가 재정을 관리하면서 식민지의 길을 걷게 되었다.

1882년 알렉산드리아에 상륙한 영국군은 카이로를 점령한 후 실질적으로 이집트의 국정을 수행하면서 이집트는 영국의 군사통치를 받았다. 세계 1차대전 중에 영국은 이집트를 자국의 보호력으로 선포하였고, 이에 반기를 든 범이슬람주의 운동이 일어났다. 1922년 영국으로부터 독립을 쟁취하였으나 국제연맹에 가입하게 되는 1936년까지 영국의 실질적 지배를 받았다. 세계 2차대전 당시에는 영국을 도와 연합군으로 참전하였다. 대전 후에 이스라엘의 독립에 반대하는 아랍국가연합을 주도하여 이스라엘을 공격하였으나 결과적으로 실패하였다. 1952년 나세르 중령의 주도로 군사 쿠데타가 일어나서 왕정을 폐지하고 이집트 아랍 공화국을 건립하고, 1956년에는 수에즈 운하를 국유화하였다. 그 뒤 이스라엘과 여러 차례 전쟁과 평화협정을 반복하였으나, 아랍의 세계가 강경파와 온건파로 갈라지면서 현재 우여곡절을 겪고 있다.

03
돌베개

'한 곳에 이르러는 해가 진지라. 거기서 유숙하려고 그곳의 한 돌을 취하여 베개하고 거기 누워 자더니' (창세기 28장 11절)

구약성경인 창세기에 보면 아브라함(Abraham)의 외아들 이삭(Isaac)과 그의 아내 리브가(Rebekah)가 낳은 쌍둥이 아들 중 동생 야곱(Jacob)이 형 에서(Esau)의 장자의 명분을 속임수로 탈취한 후, 화가 난 에서를 피해 야곱이 외가가 있는 하란(Haran)으로 도망가던 중에 해가 져서 주위의 돌을 베고 잔다는 이야기가 나온다. 야곱이 자던 중에 꿈을 꾸었는데 여호와의 예언과 축복의 말씀을 듣고 아침에 깨어나서 그 돌로 단을 쌓고 서원을 하였다. 누울 때 머리를 괴는 돌을 돌베개라고 부르는데, 이 고사로 인하여 돌베개는 '고생 또는 시련의 시간'을 상징한다. 찬송가 가사에도 '내 고생하는 것, 옛 야곱이 돌베개 베고 잠 같습니다'(한영찬송가 364장 2절 앞부분)라고 나온다.

우리에게 돌베개라는 말이 익숙하게 된 데는 장준하(張俊河, 1918~1975)의 책 제목 때문이다. 이 책은 장준하가 학도병으로 일본군에 징집된 후 중국에서 탈출하여 걸어서 임시정부 광복군에 투신한 6천 리 대장정의 기록을 생생히 담아냈다. 장준하의 항일수기 '돌베개'는 광복군이 직접 쓴 회고록 중의 하나로 오랫동안 지식인들에게 널리 읽혀왔다. '돌베개'는 장준하가 결혼 열흘 만에 고향에 남기고 떠난 아내에게 일군을 탈출하는 경우 암호로 약속하였던 말이었다. 그는 그 돌베개를 베고 중원 6천 리를 걸으며 잤고 지새웠고 꿈을 꾸기도 하였다고 1971년 그 책의 서문에 적었다.

동서고금을 통하여 나무로 지은 건조물은 시간이 지남에 따라 썩거나 불에 타서 소실될 우려가 있다. 돌로 된 건축물은 일반적으로 오래 보존된다. 예루살렘을 새 왕국의 수도로 정한 다윗의 뒤를 이어 솔로몬은 BC 957년 이곳에 장엄한 예루살렘 궁전을 건축하였다. 이 성전을 제1 성전이라고 부른다. 그러나 BC 586년 바벨론이 침공하여 제1 성전을 파괴하고 유대인 상당수를 바벨론으로 끌고 갔다. 이른바 바벨론 유수 사건이다. 이때 유대교에서는 최고의 성물인 언약궤(법궤)가 사라졌다. 살아남은 제사장들이 다른 곳으로 안전하게 옮겼다는 말이나 성전산 지하에 숨겼다는 말도 있지만, 아마 바벨론 군병들이 제1 성전의 보물 약탈할 적에 같이 파괴했을 가능성이 크다.

BC 539년 바사(Persia)의 고레스왕(Cyrus Ⅱ, BC 600~BC 530)이 바벨론을 멸망시켰다. 그는 관용 정책으로 바벨론에 끌려온 유대인들을 이듬해에 고향 땅으로 돌려보냈다. 이때 고레스왕이 임명한 유대 지역의 총독은 스룹바벨(Zerubbabel)이었다. 그 뒤에 정권을 잡은 다리오(Darius Ⅰ, BC 550~BC 486) 왕이 지원하고 스룹바벨이 주도하여 유대인들은 BC 521년부터 공사를 시작하여 BC 516년에 새로운 예루살렘 성전을 완공하였다. 이 성전을 '제2 성전' 혹은 '스룹바벨 성전'이라고 부른다. 느헤미야(Nehemiah)가 성전을 재건했다고 착각하는 사람도 있으나, 느헤미야는 성전이 아니라 예루살렘 성을 재건하였다. 그러나 언약궤를 찾을 길이 없어서 지성소에는 언약궤가 없었던 듯하다.

그 뒤 유대 지역을 지배한 외부 세력이 제2 성전에 다른 신상을 세우고 일부를 망가트리기도 하였다. 이러한 외세 왕조의 전횡에 분개한 유대인들은 망치라는 뜻의 마카비 혁명으로 알려진 무력투쟁을 시작하고 제2 성전에서 이교의 신상을 제거하고 망가진 부분을 수리하였다. 이후 유대인들은 이를 '하누카'라는 명절로 기념하고 있다. 이후 로마의 지원으로 헤롯(Herod, BC 73~AD 4) 왕이 즉위하였다. 이두매, 즉 에돔 출신으로 정통성이 부족했던 헤롯은 정통성을 세우려는 목적으로 제2 성전을 증축했다. 당시에 유대인들은 이 성전의 웅장함과 화려함에 자부심을 느꼈을 것이다. 마태복음 24장 2절에 보면 예수는 '너희가 이 모든 것을 보지 못하느냐? 내가 진실로 너희에게 이르노니 돌 하나도 돌 위에 남지 않고 다 무너뜨리우리라.'라고 성전이 무너지리라고 예언하였다. 이 예언은 머지않아 실현됐는데, AD 70년에 로마군은 오랜 포위 공격 끝에 예루살렘을 정복하고 성전을 불태웠다. 당시 돌로 된 성전 건물을 파괴하고 바닥의 돌들을 모조리 뒤집어 놓았다고 한다.

세월이 흘러 예루살렘이 모슬렘 땅이 되고 그 성전 자리에 모슬렘 성전인 모스크가 들어섰다. 지금은 일반인은 성전의 출입이 불가능하므로 성지순례자들은 예루살렘 동편의 기드론 골짜기 건너편에 있는 810m 높이의 '감람산' 정상 부위에 앉아서 그 성전 자리를 건너봐야 한다. 감람산 기슭에 공동묘지가 있는데 관들이 돌로 되어 놓여 있다. 그리고 그 지역에 승천교회, 주기도문교회, 눈물교회 등 여러 기념교회가 있다. 감람산 아래에 겟세마네 공원이 있는데, 겟세마네는 올리브 열매로 기름을 짜는 기름틀이라고 한다. 예수는 마가의 다락방에서 최후의 만찬을 마친 후 요한복음 18장 1절에 보면 제자들과 함께 겟세마네로 들어갔다고 나온다. 이곳에서 예수는 올리브기름을 짜듯이 온몸을 비틀어 전신으로 마지막 기도를 올렸을 것이다. 지금도 겟세마네 공원에는 오래된 올리브나무가 있고 기념교회가 있다. 거기서 멀지 않은 데 예수를 세 번 부인한 베드로의 일을 기념하는 베드로 통곡교회가 있어 관광객의 발길을 끌고 있다. 한편 예루살렘 근처에 있는 베들레헴의 예수 탄생지도 지하에 있는 돌집이었다.

AD 70년에 로마 군대는 예루살렘 성전의 모든 건물을 헐어버렸지만, 성전의 축대인 '이방인의 뜰'의 서쪽 담장만큼은 헐어버리지 못하였다. 축대까지 무너트리기는 너무 힘들기도 하고 위험하기도 했을 것이다. 이런 연유로 옛 헤롯 성전 건물의 서쪽 축대 일부만은 무너지지 않고 남았으니, 이것이 바로 오늘날 통곡의 벽(Wailing Wall)이다. 로마는 유대인들을 예루살렘에서 축출하여 유대인들은 살길을 찾아 전 세계로 흩어지게 되었는데, 이것이 바로 디아스포라(Diaspora)이다. 삶의 터를 잃은 유대인들이

남은 성전의 서쪽 축대 밖에 찾아와 통곡하였기에 '통곡의 벽'이
란 이름이 붙었다고 한다. 예루살렘이 함락될 당시 벽이 진짜로
눈물을 흘렸다는 전설에서 따온 이름이란 설도 있다. 세계 2차
대전 후에 이스라엘 건국으로 유대인들의 숙원은 풀렸지만, 아
직 예루살렘 성전이 복구되지 못하였기에, 아직도 유대인들은
이곳을 찾아 기도를 올린다. 과거 요르단령에 속했지만, 3차 중
동전쟁에서 이스라엘이 점령했다.

현재 통곡의 벽은 유대인의 성지이자 세계적인 관광명소가 되
었다. 지상에 남아 있는 부분은 옛날의 상부이고 하부는 지하에
묻혔다. 전쟁을 여러 차례 겪는 과정에서 예루살렘은 과거의 잔
해 위에 재건되기를 반복하였다. 현재 지하에는 과거 지상이었
던 부분의 유적 등이 많이 남아 있다고 한다. 유대인의 성지인
만큼 복장 규정을 지켜야 들어갈 수 있다. 반바지나 민소매 차림
은 들어갈 수 없다. 남자는 모자(키파)를 써야 하는데, 입구에서
빌려준다. 남녀가 따로 입장하도록 분리대가 설치되어 있다. 통
곡의 벽 바로 앞에는 벽을 바라보고 기도하는 사람들이 있었고,
기도 내용을 적은 종이쪽지가 돌 틈에 끼어 있는 것이 보이기도
하였다. 또한 통곡의 벽 바로 옆에 있는 방 안에 들어가면, 역사
적인 유물과 설명문이 전시 혹은 게시되어 있었다. 곳곳에 검은
계통의 전통 복장을 한 유대인들이 토론하는 모습도 보였다.

유대교의 믿음에 따르면, 하나님(신)이 성전산 바위의 터를 언약궤 혹은 법궤를 안치하고 자신에게 바칠 제사를 올리는 유일한 장소로 결정하였기에, 오직 그곳에서만 율법에 맞는 방식으로 제사를 올릴 수 있다. 따라서 다른 성전 건축 후보지란 존재할 수가 없다. 성전을 복원하려면 이슬람이 건축한 황금색 돔 건물을 부수거나 이전해야 한다. 그런데 이슬람에서는 예루살렘 성전의 지성소가 있던 그 자리에서 무함마드가 승천했다고 믿어 바위 돔을 건설했으므로, 바위 돔을 이전하기로 타협할 수가 없다. 이슬람에서도 바위 돔 건물이 아니라 '터'가 중요하다. 바위 돔을 없애고 그 자리에 유대교의 제3 성전을 건축한다는 말은 이슬람 전체와 전쟁하겠다는 말과 같다.

04
이스라엘

　　　　　야곱이 외삼촌 라반(Laban)의 집에 몸을 의탁하고 거기서 가족을 꾸려 일가를 이루고 경제적으로 부유해진 후 원래 자기 고향 가나안 땅으로 돌아오는데, 형 에서가 두려워서 가족들을 먼저 보내고 야곱 홀로 남아 노숙한다. 야곱의 꿈에 어떤 사람이 날이 새도록 야곱과 씨름하다가 야곱을 이기지 못함을 보고 야곱의 환도뼈(the socket of Jacob's hip)를 치매 위골(違骨)되었다고 한다. '그 사람이 가로되 날이 새려 하니 나로 가게 하라. 야곱이 가로되 당신이 내게 축복하지 아니하면 가게 하지 아니하겠나이다. 그 사람이 그에게 이르되 네 이름이 무엇이냐? 그가 가로되 야곱이니이다. 그 사람이 가로되 네 이름을 다시는

야곱이라 부를 것이 아니요, 이스라엘(Israel)이라 부를 것이니 이는 네가 하나님과 사람으로 겨루어 이기었음이니라'(창세기 32장 26~28절). 야곱을 축복한 후 그 사람은 떠나고, 잠에서 깬 야곱이 그곳의 이름을 브니엘이라 했는데, 그 후에 야곱은 엉덩이가 위골되어 평생을 절며 살았다고 한다. 야곱의 후손이 이스라엘 민족이 되었는데, 디아스포라를 경험한 후 세계 2차 대전 후에 가나안 지역으로 돌아와서 건국하고 나라 이름을 이스라엘이라고 정하였다.

야곱의 아들이 열둘이었는데, 이 중에서 요셉이 노년에 얻은 아들로 아버지가 그를 총애하였다. 그 형들이 이를 시기하여 그를 장사꾼들에게 돈을 받고 팔아서 요셉은 이집트로 가게 되었다. 세월이 흘러서 명철하고 지혜 있는 요셉은 여러 위기를 넘기고 이집트의 총리가 되었다. 때마침 세상에 기근이 들어 야곱과 그 아들들이 이집트로 식량을 구하러 내려가게 되고 결국은 총리가 된 요셉의 덕에 야곱의 직계 66명이 이집트의 고센(Goshen) 땅으로 이주한다. 이집트에서 낳은 요셉의 두 아들을 포함하여 야곱의 집에서 이집트에 이른 사람의 합이 70명이었다. 고센 땅은 이스라엘 백성들이 정착하여 생육하고 번성하였던 곳이다. 고센은 하부 이집트의 나일강 삼각주 동편에 있다. 이곳은 비교적 많은 강우량과 나일강의 관개시설로 이집트에서 가장 비옥한 땅이었지만, 북쪽에서 쳐들어오는 침입자의 공격을 쉽게 받을 수 있는 곳이기도 하였다.

세월이 또 흘러 요셉을 알지 못하는 새 왕이 이집트를 다스리게 되고, 야곱 즉 이스라엘 후손들의 숫자가 많아지면서 이집트 사람과 충돌이 자주 일어나게 되었다. 이스라엘 백성은 모세의 인도 아래 집단으로 이집트를 빠져나온다. 이 과정이 성경책 출애굽기(Exodus)에 기록되어 있다. 출애굽기는 하나님이 이스라엘 백성을 향한 구원 계획을 열어가는 과정을 보여 준다. 이집트에 내려지는 열 가지 재앙은 이집트를 대표하는 태양신의 아들 바로와 여호와와의 싸움이었다. 이 싸움으로 우주적인 질서를 보존해야 하는 바로의 책임은 하나님이 내린 재앙들에 의해 근본적으로 무너졌다. 필자가 어렸을 때 저녁에 할머니 손에 이끌리어 옆집에 마을을 가면 그 집 할머니가 옛날얘기를 해 주시는데 지금 기억으로는 모세가 어릴 적 성경 이야기였다. 그분이 1800년대 태생이고 동네에 교회가 없었으니까 아마도 초기 선교사가 지은 책을 통하여 그 얘기를 읽지 않았나 생각된다.

이스라엘 백성은 이집트를 빠져나온 후에 바다가 갈라지는 기적을 체험하며 시나이반도의 광야지대로 진입한다. 시나이반도는 1967년 '6일 전쟁' 중에 이스라엘이 점령했으나 그 뒤 반환하여 지금은 이집트 영토로 되어 있다. 시나이반도는 네게브 지역의 남부와 홍해의 두 해협이 이어지는 거대한 삼각형 모양을 하고 있다. 시나이반도 동쪽에는 아카바만이 있고 서쪽에는 수에즈 운하가 시작되는 수에즈만이 자리하고 있다. 시나이반도 남쪽 끝에서 지중해까지의 거리는 약 380km이며, 수에즈 운하에서 사해까지의 거리는 약 260km이다. 이스라엘 백성이 가나안 본향으로 가는 여정을 직선거리가 아니고 시나이반도를 돌아가는 가장 먼 길을 택한 데는 조직화 되지 않은 군중이 군사적으로 예민한 지역을 통과할 수 없다는 지도자의 판단과 궁핍한 가운데 40년간의 훈련이 필요하다는 절대자의 판단에서 나왔다고 밖에 볼 수가 없다.

시나이반도는 지형과 지질적인 측면에서 북부 지역과 남부 지역으로 양분된다. 남쪽과 동쪽 그리고 서쪽으로 갈수록 높아지는 북부 시나이지역은 중앙부를 거대한 분지로 만들었다. 남부 시나이 지역은 대단히 높은 산지로 되어 있다. 남부 지역은 고대부터 구리나 청록색의 보석 등 다양한 광물질이 생산되는 지역이었다. 남부에서 가장 높은 지역은 2,600m의 '제벨 카타리나'를 최고봉으로 하고 있으며, 근처에는 2,200m의 '제벨 무사' 곧 시내산이 있다. 수에즈 운하에서 300km 떨어진 시내산은 출애굽 한 이스라엘 백성들이 50여 일 동안 여행한 끝에 도착한 곳이다. 우리 성지순례단은 버스를 타고 수에즈 운하 근처를 통과하고 몇 곳의 유적에서 내려 구경하고 시나이반도를 서너 시간 달려 반도의 남쪽 끝을 돌아 밤에 시내산 근처에 도착하여 여장을 풀었다.

자는 둥 마는 둥 하다가 다음날 미명에 일어나 시내산 등반에 나서서 일출을 산 정상에서 보았다. 시내산 정상에는 4세기경에 처음으로 세워진 기념교회가 있었다. 현재 정상에 남아 있는 교회 건물은 1934년에 재건하였고 '삼위일체 기념교회'라고 부른다. 정상에서 하산하면서 파란 하늘과 허연 바위산을 볼 수 있었다. 도중에 아론과 장로들이 모세가 내려오기를 기다렸다고 전해지는 장소도 보았다. 2세기 중엽 로마의 박해가 극심하여 기독교인들이 은둔자의 길을 택하게 되고 시내산 일대도 이러한 은둔자들이 몰려들어 집단을 이루며 생활하기 시작하였다. 그런 과정에서 성 캐더린 수도원이 성립되었는데, 313년 기독교가 공인되자 수도원 내에 기념교회와 성채가 지어져서 현재까지 유지되고 있다. 십자군 시대나 오스만제국 시대에도 이 수도원은 보호되어서, 1,500년 이상 된 고대 성서 사본들이 여기서 발견되었다고 한다.

여기서 버스를 타고 누웨이바 지역의 오아시스를 중심으로 발견되는 유적지를 들르고 이집트와 이스라엘의 국경도시인 타바(Taba)에 가서 기다리다가 이스라엘 땅에 입국하는 절차를 밟았다. 조금 긴장한 가운데 이스라엘 입국 심사를 마치고 바로 다른 버스를 타고 요르단에 입국하여 호텔로 들어갔다. 이스라엘의 가장 남단인 이곳은 에시온 게벨 혹은 에일랏이라고 부르고, 요르단에서는 이곳을 아카바라고 부른다. 에일랏만(아카바만)은 남북의 길이가 160km이고, 동서의 너비가 19~27km로서 이곳을 중심으로 이스라엘, 이집트, 요르단, 사우디아라비아 네 나라가 국경을 서로 접하고 있다. 아카바만의 해안선 길이가 335km이나 이스라엘 쪽은 11km에 불과하여 1957년 아랍연맹이 자기들의 영해라고 주장하였다. 그런 갈등과 대립이 1967년 6월 제3차 중동전쟁의 중요한 요인이 되었다. 이 지역은 연중 높은 기온을 유지하기 때문에 관광 산업이 크게 발달하였다. 다음 날 아침에 버스를 타고 요르단 땅을 북상하였다.

05 요르단

요르단(Jordan)은 선사시대부터 인간이 거주하였으며, 현재의 수도인 암만(Amman) 남부 지역에서 BC 7,000년 전의 촌락 유적이 발견되기도 하였다. 청동기 시대와 철기 시대에 가나안 사람들이 암몬, 모압, 에돔 왕국을 세우고 이스라엘 왕국과 대립하였으며, 바벨론과 앗시리아 등 중동의 제국들과 교역하며 발전했다. 알렉산더 대왕의 정복으로 그리스(헬레니즘) 문화가 요르단 지역에 전파되었다. 알렉산더 제국이 붕괴한 이후에는 요르단 남부에서 아랍계인 나바티안 사람들이 독자적인 문명을 건설하였다. 나바티안 사람들은 아라비아반도와 지중해 지역을 연결하는 무역로를 장악해 경제적 번영을 누렸으며,

나바티안 문명의 수도인 페트라는 오늘날 요르단의 대표적인 유적지로 유명하다.

로마제국에 정복된 이후에 요르단은 아라비아반도와 지중해 사이의 무역로로서 번창했으며, 지진으로 파괴된 페트라를 대신해 오늘날의 암만 지역이 중심부로 성장했다. 로마제국이 그리스도교를 국교로 지정한 뒤에는 요르단 각지에 교회가 건설되었다. AD 7세기에 아랍 모슬렘이 요르단을 점령하면서 이슬람 시대가 시작되었다. 처음에는 요르단 인근 다마스쿠스(Damascus)를 수도로 삼고 왕조의 칼리프들은 요르단 사막 지역에 건설된 궁전에 기거하였다. 아랍 모슬렘의 지배 아래 요르단의 기독교도들은 점차 모슬렘으로 개종하기 시작하였다. 그 뒤 지배자가 바뀌고 현재 이라크의 바그다드(Baghdad)를 수도로 삼으며 요르단 지역은 정치 및 경제적 중심지에서 밀려나 쇠퇴하기 시작하였다. 이후 다양한 모슬렘 왕조가 요르단 지역을 지배하였으며, 12세기 중동을 침공한 십자군들이 요르단 지역에 성채를 건설하기도 했다. 십자군이 건설한 대표적인 성채로 카락(Karak) 성채가 있다. 요르단 지역은 16세기 오스만 제국의 영토가 되었으나 오스만 제국은 요르단 지역에 큰 관심을 가지지 않았고, 권력과 치안 공백 상황에서 베두인족의 농촌 약탈과 부족 간 내전이 빈번하게 일어나며 요르단 지역의 쇠퇴는 가속화되었다.

현대 요르단 왕국은 1921년 영국의 신탁통치 아래에서 독립하여 요르단에 자치국을 건설하며 성립되었다. 압둘라 국왕을 거쳐 1952년 후세인이 권좌에 47년간 있다가 죽고 지금은 그의 아들 압둘라가 왕위를 이어받아 통치하고 있다. 요르단은 여러 나라와 국경을 접하고 있다. 북쪽으로는 시리아, 동쪽으로는 이라크, 서쪽으로는 이스라엘, 남쪽으로는 사우디아라비아와 국경을 접하고 있어 요르단은 전략적으로나 경제적으로 이 지역에서 중요한 위치를 차지하고 있다.

구약 시대에 이 지역은 북쪽에서 남쪽으로 바산(Bashan), 암몬(Ammon), 모압(Moab), 에돔(Edom)의 네 부분으로 나누어져 있었다. 네 지역은 요단강의 중요 지류들인 야르묵강, 얍복강, 아르논강, 세렛강을 중심으로 나뉜다. 이렇게 나뉘게 된 데는 이 지역의 지형적 특색 때문이다. 각 지역 사이에는 수백 미터 깊이의 협곡이 존재하고 그 바닥에 강들이 흐른다. 이러한 깊은 협곡이 각 지역을 고립시키고 자연적인 방어망을 구축하게 하였다.

최북단의 바산은 오늘날 골란고원으로서 야르묵강의 북부에 있는 지역을 말한다. 이곳은 시리아에 속해 있었지만 1967년 '6일 전쟁' 이후에는 이스라엘의 영토가 되었다. 암몬은 야르묵강에서 아르논 강에 이르는 길르앗 산지를 말한다. 얍복강을 중심으로 상부 길르앗 산지와 하부 길르앗 산지로 구분된다. 이곳의 지형은 대체로 높고 물이 풍부해서 나무가 많이 자라고 포도와 올리브의 주요 산지이다. 모압 지역은 아르논강과 세렛강 사이를 지칭한다. 이곳은 테이블 형태의 고원지대로서 그 높이는 해발 900m이다. 사해의 수면이 해저 400m인 점을 고려하면 이곳은 사해로부터 1,300m나 높은 지역이다. 겨울철의 풍부한 습기가 포도 재배 등 농사에 적합하며, 목축에 적합한 목초지로 유명하다. 구약성경의 열왕기하(2 Kings) 3장 4절에 모압왕 메사는 이스라엘에 매년 많은 양의 털을 바쳐 '양치는 자'로 호칭하고 있다. 룻기(Ruth)에 의하면, 베들레헴에 살던 나오미의 가족이 기근을 피하여 이곳 모압 지역으로 이주한 적도 있었다.

에돔은 세렛강에서 홍해에 이르는 지역을 말한다. 구약 시대, 에돔 지역에 요단강 동편에서 가장 강력한 왕국이 존재하였으며, 요새와 같은 지역적 특성 때문에 도피처로 이용되기도 하였다. 험준한 지역을 벗어나면 넓은 초지를 형성하고 있다. 더 동쪽으로 가면 사막지대로 건조하다. 구약성경 창세기 36장에 의하면, 에돔의 시조는 이삭과 리브가의 쌍둥이 아들로 장자요 야곱의 형인 에서이다. 그런 점에서 이스라엘과 에돔의 관계는 혈연적인 관계였으나 역사적으로 둘은 적대적인 관계를 벗어나지 못했다. 둘의 첫 번째 접촉은 이집트를 나온 이스라엘 백성들이 지금의 요르단 지역을 통하여 가나안 지역으로 북상할 때이다. 에돔은 자기 지역을 통과하려는 이스라엘 백성들의 요구를 거절하였고, 모세 일행은 다른 길을 택하여 에돔과 충돌을 피했다. 그러나 둘의 갈등은 이 사건을 통하여 더욱 깊어졌다. 이스라엘에 처음으로 왕정을 도입한 사울은 에돔과 전쟁을 벌였으며 그 뒤의 다윗은 에돔 지역을 처음으로 점령한 이스라엘 왕이었다. 세월이 흐른 뒤에 에돔은 반란을 일으켜 자신들의 왕을 세웠다. 그 뒤에 이를 토벌하려는 이스라엘과 이를 저지하려는 에돔과 엎치락뒤치락하였다. 이스라엘의 예루살렘이 바벨론의 군대에 함락될 때, 에돔은 크게 기뻐했으며 이 일로 인하여 이스라엘의 적대감이 더욱 커졌다. BC 6세기에 에돔 자신도 바벨론에 점령당하면서 점차 쇠퇴하고 결국은 에돔의 원주민들은 서쪽의 네게브 지역으로 이주하고 그리스(헬라)인들은 이들이 거주하는 지역을 '이두메'라고 불렀다.

구약 시대 말경에 토착 아랍인인 나바티안인들이 에돔 지역으로 유입되면서 새로운 문화와 전통이 생겨났다. 나바티안 왕국의 수도는 페트라였다. 페트라는 성경에 나오는 '셀라'와 같은 지역으로 추정된다. 페트라와 셀라 모두가 '바위' 혹은 '반석'이라는 의미의 헬라어와 히브리어 단어이다. 이들은 BC 580년경에 에돔족과 혼합되었으며, 그 후 AD 106년경 로마에 점령당하기까지 페트라를 교역의 중심지로 발전시키고 자신들의 문명을 크게 꽃피웠다. 나바티안 사람들은 페트라 지역에 거대한 바위계곡을 깎아 놀라운 바위 도시를 건설하였다. 바위산의 길이는 1,379m, 폭은 225~450m나 된다. 이곳은 해발이 1,000m 이상 되는 높은 산지이다. 역사적으로 분명하지 않지만, 로마 점령 이후 이곳에 큰 지진이 발생하면서 무너져 폐허화 되었다고 추정하고 있다. 1812년에 젊은 유럽 탐험가가 찾아내어 유럽인들에게 페트라의 존재가 알려졌다. 페트라 입구의 폭이 3m가 채 안 되어 발견이 쉽지 않았나 보다. 그 뒤에 일련의 발굴 작업을 거쳐서 일반 여행자에게 공개되었다.

카락 혹은 케락은 3면이 깊은 계곡으로 둘러싸인 천연의 요새 지역으로 한때는 모압 왕국의 수도였고 헬라 시대와 로마 시대에 도시가 번창하였다. 1132년 십자군 시대에 모슬렘의 세력을 막기 위한 요새가 건설되었다. 현재 요르단의 수도인 암만(Amman)은 그 역사가 BC 3,000년까지 거슬러 올라가는 고대도시이다. 오늘날의 암만은 해발 850m 정도의 높이를 가지고 있는 7개의 언덕 위에 세워져 있다. 곳곳에 그리스, 로마 시대의 성채와 유적들이 간직되어 있다. 암만에서 남서쪽으로 약 30km 떨어진 데 있는 메드바(Medaba)는 주변에 비옥한 토양의 고원지대가 있어서 이스라엘과 모압이 서로 소유권을 주장하였던 지역이었는데 비잔틴 시대에 이르러 중요한 도시로 부각(浮刻)되었다. 메드바에 있는 비잔틴 시대에 세워진 그리스 정교회 건물 바닥에서 옛날의 팔레스타인 지도가 그려진 모자이크 장식이 1897년에 발굴되었다. 이 모자이크 지도는 당시 인근 지역의 지형을 이해하는 데에 귀중한 자료이다.

느보산(Mount Nebo)은 메드바에서 서쪽으로 10km 떨어져 있다. 이곳은 해발 800m 높이의 산이다. 구약성경 신명기(Deuteronomy) 34장에 의하면 이집트를 빠져나온 뒤 40여 년 동안 이스라엘 백성의 광야 생활을 이끈 모세가 여리고(Jericho)의 맞은편에 있는 느보산의 비스가(Pisgah) 봉우리에 올라 가나안 땅을 바라만 보고 그곳에서 생을 마친다. 현재 느보산에는 놋뱀 기념물, 기념교회, 옛날 순례객들을 위한 이정표와 현재 주변 지역의 방향표와 지명 등이 있다. 다음날에는 버스를 타고 알렌비 다리를 건너 이스라엘에 입국하게 된다. 알렌비(Edmund H. Allenby, 1861~1936)는 제1차 세계대전 때 팔레스타인과 이집트 전선을 지휘한 영국군 사령관의 이름이다.

06
갈릴리 산지

갈릴리(Galilee) 산지는 이스라엘의 최북단에 있다. '갈릴리'는 '굴러가다'라는 의미에서 파생된 명사로서, 둥근 모양의 '원'이나 '고리' 등을 지칭한다. 신약 시대 갈릴리는 갈릴리 산지를 중심으로 하는 지역을 지칭하는 고유한 명칭이었다. 갈릴리 산지는 지형적 차이에 의해 상부와 하부로 나뉜다. 상부 갈릴리는 해발 1,000m 이상의 높은 산지이고 하부 갈릴리는 600m 이하의 낮은 산지이다. 보통 성경에서 언급되고 있는 갈릴리는 하부 갈릴리를 의미한다. 모세의 뒤를 이어 이스라엘의 지도자가 된 여호수아와 이스라엘 백성은 느보산에서 모세가 죽은 후 협곡을 내려와 요단강을 건너 가나안 땅을 정복하기 시작

하였다.

어느 정도 성공을 거둔 후에 그 땅을 열두 지파에게 분배하였다. 갈릴리 산지는 아셀, 납달리, 스불론, 잇사갈 지파가, 그 아래 남쪽의 사마리아 산지는 에브라임, 므낫세 반 지파와 단 지파가, 더 남쪽의 유다 산지는 유다, 시므온, 베냐민 지파가 받았다. 지금의 요르단 지역인 바산(골란 고원)은 므낫세 반 지파가, 길르앗 지방은 갓 지파가, 그리고 사해 동편에 있는 광야는 르우벤 지파가 기업으로 받았다. 열두 지파 중에서 레위 지파는 땅을 분배받지 못하였는데 이들은 제사장 직분이나 그를 돕는 일을 하였다. 레위 지파 사람들은 요즘으로 치면 전업 종교인의 역할을 하였다. 참고로 이집트를 빠져나온 후 2년쯤 지나서 사람의 숫자를 세워 보니 민수기(Numbers)에 의하면 싸움에 나갈 만한 20세 이상의 이스라엘 남자들의 숫자는 레위 지파를 제외하고 603,550명이었다. 이들은 40년이 지난 후 가나안 땅에 이스라엘 백성이 들어갈 때 거의 다 죽고 없었다.

갈릴리와 요르단 지역은 사방으로 '열린 지역'으로 외부와 접촉이 쉽다. 요르단 지역을 기업으로 얻은 므낫세 반 지파, 갓 지파와 르우벤 지파의 후손들은 이스라엘이 남북으로 갈라졌을 때 주변국에 제일 먼저 흡수되었다. 이들 세 지파는 목축에 적합한 지역을 받았다고 생각했지만, 이스라엘 왕국의 남북 분열 이후에 주변 민족과 혼합되었다. 갈릴리 지역은 북방 이스라엘이 공격당할 때 제일 먼저 침략을 받았다. 그리고 외부와 쉽게 교류하고 혼합되며 영적으로 타락했다. 이 지역은 페니키아 해상 제국과 쉽게 교류했다. 갈릴리가 위치한 북쪽과 지중해 해안이 있는 서쪽이 개방된 지역이다. 이에 반해 그 아래에 있는 사마리아 산지는 비교적 덜 개방된 지역으로 비교적 안전한 지역이다. 사마리아 산지 동편은 천연요새 같은 요르단 계곡이 지나간다. 남쪽은 유다 산지와 접한다. 팔레스타인에서 남북 사이 다툼은 주로 이 지역에서 벌어진다.

갈릴리 지역을 분배받았던 네 지파는 다른 지파에 비하여 힘이 약해서 가나안에 있던 사람들을 완전히 장악하지 못한 채 그들 사이에서 공존해 살았다. 솔로몬 시대에 이르러 갈릴리 지역은 솔로몬의 행정 구역으로 편입되었다. 그 뒤 BC 732년 앗수르(앗시리아)의 점령 이후 앗수르 행정 구역이 되었다가 바벨론 포로에서 돌아온 이후 갈릴리는 유대인들의 자치 지역에 소속되지 못한 변방 지역으로 남아 있었다. 당시 갈릴리는 행정적으로 사마리아 지방에 편입되어 있었다고 추정된다. 알렉산더 대왕의 점령 이후, 이 지역에 헬라인들과 뵈니게인들이 모여 살게 되었다. 비록 작은 규모이긴 해도 유대인 공동체가 이곳에 존재하였다. 마카비 혁명운동이 일어나면서 갈릴리 지역의 유대인들은 주변 이방인의 압력에 시달리게 되었고 혁명의 지도자들은 이곳의 유대인들을 남쪽 유다 지방의 안전지대로 이주시켰다. 그 후 BC 104년경에 하시모니안 왕조가 갈릴리 지역을 완전히 장악하면서 유대인들은 다시 갈릴리 지역에 정착하였다. 이러한 역사적 배경으로 정통성을 강조하는 유다 지방의 유대인들은 변방의 갈릴리 지방 사람들을 멸시하는 풍조가 생겼다. 로마가 팔레스타인 전체를 통치하게 된 뒤로는 로마의 후원을 받아 분봉왕이 된 헤롯왕은 자연스럽게 갈릴리 지역을 자신의 확고한 영토로 삼았다.

예수의 부모인 요셉과 마리아는 이집트에 피신해 있다가 헤롯왕이 죽고 난 뒤에 이집트에서 돌아와 갈릴리 산지의 나사렛(Nazareth)에 정착하였다. 예수는 이 지역에서 그의 유년기와 청년기 대부분을 보냈다. 나사렛 산지는 북동쪽에서 남서쪽으로 길게 뻗어있는 산지로서 길이는 약 12km이고 폭은 약 3km이다. 산지 밑의 계곡에는 비옥한 토양이 있고, 이 산지 위는 전망이 좋아 이스르엘 계곡 평원이 한눈에 내려다보인다. 이스르엘 계곡 평원 가까운 곳에 가파른 절벽형의 산봉우리가 있는데, 누가복음 4장 28절 근처에 보면 나사렛 사람들이 예수를 이곳으로 끌고 와서 산 아래로 떠밀어 죽이려 했다고 전해진다. 신약 시대에 나사렛은 당시 유대인들에게 매력적인 도시는 아니었다. 이는 요한복음 1장 46절에서 '나사렛에서 무슨 선한 것이 날 수 있느냐?'라는 나다나엘이 빌립에게 한 말에서도 나타난다. 나다나엘의 이 말은 지역감정을 부추기는 발언이 아니라 메시아와 관련되어 어떠한 언급도 성경에 없었던 동네라고 해석해야 한다. 그런 면에서 나사렛은 바벨론 유수 이후에 건설된 시골 동네였다고 추정된다. 비잔틴 시대와 십자군 시대에 나사렛 기념 교회가 세워지고, 1955년에 현재의 성수태고지교회(Annunciation Church)가 개축되었다.

나사렛에서 북서쪽으로 6km 떨어져 있는 치포리(Chipoli)는 넓은 언덕 위에 자리 잡고 있다. 히브리어로 치포리는 '새'를 의미하는데, 마치 새가 하늘에서 아래를 내려다보듯이 이 지역에서 주변 지역을 조감할 수 있다고 한다. 헬라 시대부터 존재하였던 치포리는 BC 64년에 로마가 이스라엘을 점령한 이후 그 중요성이 크게 대두되었다. 로마는 치포리를 갈릴리 지역의 행정 중심지로 삼았다. 예루살렘의 성전이 파괴된 후 유대인들이 대거 갈릴리 지역으로 이주해 오면서 치포리는 유대인의 새로운 중심지가 되었다. 그 뒤 비잔틴 시대와 십자군 시대에 치포리는 군사 전략적으로 중요한 도시로 여겨졌으며 큰 규모의 교회가 세워지기도 하였다.

가나(Cana)는 예수의 첫 기적으로 혼인 잔치에서 물로 포도주를 만들었다는 성경의 이야기가 요한복음 2장 1~11절에 전해지는 곳이다. 신약 시대 가나의 정확한 위치로 두 군데가 주장되고 있다. 한 곳은 교회 전승에 근거를 두고 있는데, 나사렛에서 북동쪽으로 약 6km 떨어진 케파르 카나(Kefar Kanna)이다. 이 도시에 있는 희랍정교회는 돌로 된 두 개의 항아리를 보관하고 있다. 예수가 이적을 보였던 여섯 개의 돌항아리 중 두 개가 남은 것이라고 한다. 신약 시대 가나의 또 다른 위치는 나사렛에서 북쪽으로 약 15km 떨어진 카르벳 카나(Kirbet Kanna)이다. 이곳은 현지 주민들에 의하여 오늘날까지도 '갈릴리 가나'라고 불린다고 한다. 가나에서는 포도주의 이적 이외에 요한복음 4장 46~54절에 의하면 예수가 두 번째 표적으로 왕의 병든 신하의 아들을 고쳐주기도 하였다. 가나는 또한 요한복음 21장 2절에 의하면 예수의 제자 중 하나인 바돌로매(Bartholomew) 즉 나다나엘(Nathanael)의 고향이었다.

이스르엘(Jezreel) 계곡 평원은 하부 갈릴리 산지와 사마리아 산지 사이에 위치하면서 지중해와 요단강 계곡을 연결하는 중요한 지역이다. 이스르엘은 '하나님의 식물'이라는 의미를 지니고 있다. 사람들은 이 지역을 '이스라엘의 빵 바구니'라고 표현하고 있다. 이스르엘 계곡 평원은 크게 동부와 서부로 나뉜다. 동부 지역은 벧산(Beth Shan)과 이스르엘 도시 사이의 지역으로 동서 간의 길이는 18km이며 길보아산과 모래산 사이의 남북 간의 폭은 약 5km이다. 이곳의 중심부로 하롯강이 흐르고 있는데, 이 강은 길보아산에서 발원하여 요단강 계곡 쪽으로 흐른다. 하롯강은 연중 지속적으로 이 지역에 물 공급을 가능하게 해 주어 이 지역의 비옥한 토양과 함께 이 지역을 중요한 곡물 생산지가 되게 하고 있다. 역사적으로 이곳은 이스라엘의 중요한 전쟁들이 벌어졌던 곳이다. 길보아산에서 사울이 블레셋을 맞아 싸우다가 죽음을 맞이하였다.

이스르엘 계곡 평원의 서부지역은 외형상 삼각형 모양을 하고 있다. 삼각형의 밑변에 해당하는 지역은 북쪽에 있는 나사렛 산지이다. 때로는 이곳을 '므깃도 골짜기'라고 하는데, 서부지역에서 가장 중요한 도시가 므깃도(Megiddo)이기 때문이다. 므깃도는 가나안 시대 이전부터 존재했던 고대도시로서 전략적 도시였다. 많은 전쟁이 이곳을 중심으로 벌어졌다. BC 15세기의 이집트의 기록에도 투트모세 3세가 가나안 군대를 패배시켰다고 나온다. 여호수아의 가나안 정복 당시 므깃도는 강력한 도시국가로 처음에는 므깃도를 점령하지 못하였다. 다윗 시대에 이르러 므깃도는 이스라엘의 영토가 되었고 솔로몬은 이곳에 요새화된 자신의 병거성(兵車城)을 건설하였다. 므깃도는 BC 733년 앗수르에게 점령당하였고, 그 후 요시아 왕은 BC 609년 이곳에서 이집트와 싸우던 중에 전사하였다. 프랑스의 나폴레옹(Napoleon)이 1799년 터키군과 이곳에서 전쟁을 벌였고 세계 1차대전 중에 영국의 알렌비(Allenby) 장군의 연합군은 이곳에서 터키군을 패배시켰다. 요한계시록 16장 16절에서는 마지막 세계 종말에 있을 아마겟돈(Armageddon) 전쟁이 이곳에서 벌어진다고 예언하였다. 아마겟돈은 '므깃도의 언덕'이라는 의미의 히브리어를 헬라어로 음역 표기한 말이다.

갈멜(Carmel)산은 중앙산지에서 지중해 쪽으로 약 24km 뻗어 나와 현대도시 하이파(Haifa)에서 지중해와 만나고 있다. 갈멜산은 가장 높은 곳이 해발 552m에 불과한 낮은 지형의 산지이다. 갈멜은 '하나님의 포도원'이라는 뜻으로 지중해로부터 불어오는 습도 높은 서풍으로 인하여 강우량이 많고 비옥한 지역이다. 열왕기상 18장에 보면 엘리야(Elijah)는 갈멜산에서 850여 명의 이방 선지자들과 신앙대결을 벌여 이긴 기록이 나온다. 갈멜산에서는 선사시대에 인류가 살았었던 흔적도 발견되었다. 미국의 서부 개척자들은 태평양 연안의 몬터레이(Monterey) 근처의 비슷한 지역을 카멜(Carmel)이라고 명명하고 도시를 육성하였는데 1980년대에 서부 영화 배우 출신 클린트 이스트우드(Clinton 'Clint' Eastwood, Jr. 1930~)를 시장으로 선출한 바가 있다.

고대도시 벧산(Beth Shan)은 하롯 계곡과 요단강 계곡이 만나는 지점에 있다. 이곳은 요단강 계곡을 지나가는 남북 교통로와 이스르엘과 요단강 동편을 지나가는 동서 교통로를 통제할 수 있는 중요한 장소이다. 벧산은 BC 15세기 이집트의 투트모세 3세 시대의 역사 자료에 이미 언급되어 있다. 벧산은 여호수아의 가나안 정복 때에 점령하지 못한 도시였다. 사울 시대에 이 도시는 블레셋의 통치 아래 있었다. 블레셋 사람들은 길보아산 전투에서 전사한 사울의 시체를 벧산 성벽에 달아매었다고 한다. 다윗은 자신의 왕국을 북쪽으로 확산하면서 이 도시를 점령했고, 솔로몬은 벧산을 자신의 다섯 번째 행정 구역에 포함시켰다. 로마가 이 도시를 점령한 이후 형성된 데가볼리(Decapolis) 도시 중에서 요단강 서편에 있는 유일한 도시였음에도 데가볼리 도시연맹의 중심적 수도가 되었다. 벧산에서 발굴된 대표적인 유물로 보존 상태가 양호한 로마 시대의 대규모 원형극장이 있다.

다볼(Tavor) 산은 나사렛 산지의 북쪽 지역으로 이스르엘 계곡의 북동쪽에 있다. 이 산은 아담한 봉우리의 산으로 주변은 이스라엘에서 가장 아름다운 경관을 이루고 있다. 다볼은 '배꼽' 혹은 '중심'이라는 의미인데 이로 보아 고대부터 이곳이 예배의 중심지였음을 시사한다. 다볼산은 이스라엘의 성산의 하나로 성경에서 언급되고 있다. 이 산은 기독교의 전통에서도 신성시되는 장소이다. 예수께서 세 제자를 데리고 올라가 자신을 영광스러운 모습으로 변형시킨 장소가 곧 다볼산이었다고 전해진다. 이런 전승에 근거하여 비잔틴 시대와 십자군 시대에 다볼산 정상에 변화산 기념교회가 세워졌다.

　다볼산에서 남쪽으로 약 8km 떨어진 곳에 있는 모레(Hamore)산은 화산활동에 의하여 형성된 산이다. 이스르엘과 하롯 계곡 사이의 도로와 티베리아로 통하는 도로를 통제하고 있는 모레산은 전략적인 측면에서 매우 중요하다. 모레산의 북쪽과 남쪽 기슭에는 성경과 관련되는 중요한 두 도시가 있다. 남쪽 기슭에는 구약 시대의 도시인 수넴(Shunem)이 있다. 사울은 블레셋 군대와 마지막 결전을 위하여 이곳에 진을 쳤다. 나이가 많아 늙은 다윗을 위하여 채용된 수넴 여인 아비삭은 이곳 출신이었다. 이곳에서 한 수넴 여인은 엘리샤(Elisha)를 극진히 대접하였고 엘리샤는 그 여인의 죽은 아들을 살려 주었던 곳이기도 하다. 모레산의 북쪽 기슭에는 신약 시대의 도시인 나인(Nain)이 있다. 예수가 이곳에서 죽은 과부의 아들을 살려준 장소로 유명하다. 현재도 '나임'이라는 아랍 동네가 있으며 동네 한가운데에 기념교회가 세워져 있다고 한다.

　갈멜산에서 욥바(Jappa) 근처까지 약 80km 길이의 해안 평야 지역이 샤론 평야이다. 이 지역의 대부분을 덮고 있는 붉은 색깔의 모래로 배수가 제대로 되지 않아서 이 지역은 거대한 습지대였다. 샤론의 어원적 의미는 숲이 우거진 지역이지만 그것은 습지대에 형성된 잡목 숲을 의미한다. 따라서 이 지대에서는 농업이 거의 이루어지지 않았고, 도로도 평야의 중심 지역이 아닌 산지 쪽에 형성되어 있었다. 그러나 샤론 평야의 울창한 잡목 숲은 제1차 세계대전 전까지 이 지역을 통치하였던 튀르키예가 기차 연료를 충당하기 위하여 대부분 벌목되었다. 1920년대 시온주의자들은 이 지역을 대대적으로 매입하여 유대인 이민자의 정착지로 삼았는데, 이들은 늪지대의 물을 말려가면서 이 일대를 과수재배 단지로 만들었다. 이곳은 유럽으로 수출하고 있는 이스라엘 오렌지의 주 생산단지가 되었다.

샤론 평야는 여호수아 때 므나셋 지파에게 분배되었으나 이 지역을 제대로 차지하지 못하였다. 다윗 시대에 이르러 샤론의 일부 지역이 이스라엘의 통치를 받게 되었고 뒤를 이은 솔로몬 때 이 지역을 완전히 장악하였다. 헤롯왕 시대 이곳에 가이사랴 항구가 건설되면서 샤론 평야의 형편이 완전히 달라졌다. 가이사랴를 통하여 로마와의 교역이 증대하면서 가이사랴와 다른 지역을 연결하는 주요 도로들이 샤론 평야 내에 건설되었다. 가이사랴는 세계에서 최초로 시도된 인공 항구 도시였다. 가이사랴는 로마 시대에 유다 지방을 통치한 로마 총독이 주재하던 도시이다. 예수 당시 유다의 총독으로 있었던 빌라도도 가이사랴에 거주하고 있었다. 신약성경 사도행전 10장 1절에서 베드로가 방문하였던 고넬료는 가이사랴에 주둔하고 있었던 로마군단 소속의 백부장이었다. 사도행전 8장 40절에 의하면 전도자 빌립은 가이사랴에 복음을 전하였고 사도행전 21장 8절에 의하면 후에 바울과 그 일행은 빌립의 집에서 환대를 받았다. 바울은 두 번째와 세 번째 전도 여행 중 이곳 가이사랴를 방문하였고 로마로 호송되기 전에는 이곳에 감금되었었다. 가이사랴는 기독교가 공인되기 이전인 3세기경에 이미 기독교 신학을 연구하는 학자들이 모이는 중심지가 되었다. 가이사랴는 비잔틴 시대에 크게 번성하였고 십자군 시대에 다시 중요한 도시로 성장하였다. 십자군이 물러가면서 이슬람 군대는 가이사랴 성채를 모래에 완전히 묻어 버렸다. 그 이후 지금까지 가이사랴는 모래 속에 묻혀 있는 폐허의 도시가 되었다. 최근에 이르러 가이사랴를 발굴하는 작업이 진행되고 있다.

07

사사

　　　　여호수아(Joshua)의 영도 아래 요단(Jordan)강을 건너 가나안 정복에 나선 이스라엘 백성들은 어느 정도 교두보를 형성한 후, 가나안 땅을 열두 지파에게 분배하였다. 이스라엘의 초기 역사인 정복기의 지도자는 에브라임 지파 출신 여호수아였다. 여호수아는 요단강을 건너 먼저 여리고(Jericho) 성을 무너트린 후 아브라함(창세기 12장 6절)과 야곱(창세기 33장 18절)이 가나안 땅에 들어갈 때처럼 세겜(Shechem)으로 갔다. 자연스럽게 비옥한 땅인 사마리아 산지를 야곱의 두 번째 아내이자 사랑했던 라헬의 후손인 에브라임(Ephraim), 베냐민(Benjamin), 단(Dan)과 므낫세(Manasseh) 지파가 기업으로 받았다. 라헬은 요셉과 베냐

민을 낳았는데, 요셉의 두 아들 이름이 에브라임과 므낫세이다. 단은 라헬의 여종 빌하가 낳은 야곱의 아들이었다. 구약성경 여호수아 24장에 보면, 이 시대 행정 중심지는 세겜이었다. 여호수아 시대부터 사무엘 시대의 도래 이전에 에브라임 산지를 포함한 사마리아 산지는 이스라엘의 중심지 역할을 했다.

나머지 지파들은 사마리아 산지를 제외한 다른 지역들을 기업으로 받았다. 갈릴리 산지 지역을 기업으로 받은 스불론(Zebulun), 잇사갈(Issachar), 아셀(Asher), 납달리(Naphtali) 지파는 레아와 그 여종의 후손이다. 그리고 요단강 건너 지역을 기업으로 얻은 지파는 므낫세(Manasseh), 갓(Gad), 르우벤Reuben) 지파였다. 에브라임의 친형이었던 므낫세 지파는 인원이 많은데 땅이 작다고 하여 사마리아 산지와 요르단 지역 두 군데에서 기업을 받았다. 르우벤과 갓 지파는 레아의 후손들이다. 한편 유다(Judah) 지파는 '닫힌 지역'인 유다 산지와 네게브 지역을 기업으로 얻었다. 시므온(Simeon) 지파의 기업은 유다 지파의 기업 중에 속하였다. 여호수아 14장 13절에 의하면 여호수아는 분배 작업 이전에 갈렙(Caleb)에게 헤브론(Hebron)을 기업으로 주었다. 헤브론은 아브라함, 이삭과 야곱이 묻힌 무덤 곧 이들의 선영이 있는 곳이었다. 유다 지파인 갈렙은 헤브론이 열악한 지역임을 알면서도 이 지역을 기업으로 선택해야 했다. 광야에서 천막생활을 영위한 그의 조상들의 삶을 알았지만, 갈렙은 어쩔 수 없이 안 좋은 곳을 선택했다.

이스라엘 백성들은 지파 별로 분배받은 가나안 땅에 들어간 후 기존의 거주민과 충돌하였다. 이집트에서 나와 40년 동안 광야에서 집단으로 생활했던 이스라엘 백성들은 무력으로 가나안 족속들을 능가할 수 없었던지 현지인과 혼인하며 동화되었다. 그 과정에서 사사(士師)에 의한 통치가 200여 년 동안 이루어졌다. 처음 성경을 접했을 때 '사사기(士師記)'가 무슨 뜻인지 감이 잡히지 않았다. 사사가 음악이나 문학의 대가 밑에서 사사(師事) 받았다는 뜻인가? 아니면 어떤 일에 도움받고 고마움을 표시한다는 사사(謝事)인가? 그 뒤에 사사가 영어로 'Judges'임을 알게 되었고 그 의미를 파악하게 되었다. 가톨릭 이른바 구교(舊敎)에서 쓰는 구약성서에는 '판관기(判官記)'라고 되어 있다.

여호수아 시대에 활약한 유다 지파인 갈렙의 조카 옷니엘을 시작으로 우리에게 잘 알려진 여자 사사 드보라, 기드온, 삼손 등 12명의 사사가 과도기적으로 이스라엘 민족을 위기에서 구하였다. 사사들은 여러 지파에서 나왔다. 이스라엘 역사에서 중요한 왕정 시대를 맞기 전 베냐민 지파에서 사사인 사무엘과 첫 왕 사울이 나왔다. 마지막 사사였던 사무엘은 베냐민 지파 출신으로 '사무엘 상' 7장 15~16절에 보면 에브라임 산지를 중심으로 순회하면서 사사 일을 수행했다. 다윗 왕이 들어서면서 비로소 유다 지파가 실세가 되었다.

각 지파들에 대한 가나안 땅 분배 방식은 창세기 33장에서 보듯이 그들의 조상 야곱이 형 에서를 만나기 전에 자기 슬하를 세 무리로 분류한 사실과 유사하다. 첫째 무리는 첩들과 그 후손들, 둘째 무리는 본처 레아와 그 후손들, 마지막 세 번째 무리는 그가 사랑했던 라헬과 그 후손들이었다. 왕정이 시작될 때까지 야곱의 본처인 레아의 후손들은 둘째 처인 라헬의 후손들로 구성된 지도력에서 완전히 배제되었다. 왕정 전까지 실질적 통치는 에브라임 지파에서 이루어졌는데, 에브라임은 요셉의 둘째 아들로서 야곱의 열두 아들 중 하나이면서 공식적인 장자가 되었다. 역대상 5장 1절의 기록에 의하면 르우벤이 야곱의 장자(長子)지만 그의 실수로 인하여 장자의 명분이 요셉의 자손에게 돌아갔다고 되어 있다. 이스라엘의 왕은 유다 지파에서 배출된다는 창세기 49장에 나오는 야곱의 유언이 있었다. 유다가 영적 장자라는 사실을 알고 있는 갈렙은 헤브론이 열악한 지역임을 알면서도 기업으로 선택했다.

유다 지파의 큰 어른이었던 갈렙의 선택은 한편으로 어리석어 보였다. 그러나 솔로몬 왕 사후 이스라엘 민족이 분열된 후, 남방의 유다 왕국보다 북방의 이스라엘 왕국이 약 140년 앞서 멸망 당하였고, 그 이후 이스라엘이라는 말 대신에 유대 혹은 유대인이라는 말이 대세가 되었다. 예수가 유다 지파에서 출생하게 되면서 구원이 유대인에게서 나오게 되었다. 사사 시대를 배경으로 하는 룻(Ruth)기에서 유다 지파 출신 보아스가 이방인인 룻과 혼인을 통해서 다윗이 나왔고 예수는 그 후손임을 신약성경에서 밝히고 있다. 이방인 룻이 유다 지파의 보아스와 혼인할 때 유다 지파가 고대하는 하나님 나라가 마침내 세워질 수 있다고 룻기는 예언한다.

유다 산지의 특징은 단단한 석회암 지역이란 것이다. 역사적으로 유대인들이 이와 유사하다. 목이 단단하게 굳어질 대로 굳어진 유대인들은 자신의 동족 출신 메시아 예수 그리스도를 철저히 배척했다. 혈통적 유대인들은 그리스도의 복음을 처음 목격하는 영광을 누렸지만 이를 배척함으로 스스로 이 은혜에서 제외되었다. 신약성경에 나오는 예수의 '탕자의 비유'가 이를 잘 증언한다. 어떤 부자의 둘째 아들이 북방 이스라엘 같은 이방인이라면 첫째 아들은 끝까지 아버지 옆에 남았으나 결국 아버지의 뜻을 거역한 유대인이다. 유다 지파 곧 유대인은 메시아를 배출시키는 역할을 한 후 스스로 메시아가 성취할 구원에서 제외되었다. 마태복음 19장 30절의 예수 말대로 처음 된 자가 나중 되고 나중 된 자가 처음 되었다. 그래도 결코 유대인은 버려지지 않는다. 구약성경 호세아 1~2장과 에스겔 37장은 언젠가 에브라임과 유다가 하나가 될 것을 예언했다.

   사사기를 읽다 보면 3장 19절에 '돌 뜨는 곳'이라는 표현이 나온다. 무슨 채석장(採石場)이려니 하고 읽어 나갔는데, 영어 성경을 보면 'idol'이라고 나온다. 당시에 우상을 새기는 돌이 특별하였다고 생각되고 현지어로 우상을 그렇게도 불렀다고 생각된다. 이집트의 유적에서 사람이나 스핑크스의 얼굴 동상에서 코와 귀 등이 파괴됨을 본 적이 있다. 유적지가 한때 기독교가 우세했던 시기에 우상파괴라는 이름으로 석상의 코와 귀 등을 훼손한 것 같다. 당시 기술이 월등했더라면 그 우상들을 쓸어버렸겠지만, 얼굴 정도만 훼손해서 오늘날 볼 수 있게 되어서 다행이라고 스스로 위로하였다. 어쨌든 당시에 그 지역에서 돌로 우상을 만들었다고 생각된다.

   우리의 옛말에 사농공상(士農工商)이란 말이 있었다. 사(士)란 나라에서 공부를 많이 하도록 유도하고 과거 시험 같은 제도를 주관하여 우수한 성적을 거두어 선발된 사람들을 말하는데, 사회 지배 계급으로 온갖 권력을 누리도록 하였다. 그리고 일반 평민은 생업에 종사하게 했는데, 그 중의 으뜸이 농사(農事)에 종사하는 사람이고 다음이 공인(工人), 상인(商人)의 순서이다. 그사이 사회가 커지고 복잡하게 됨으로써 여러 가지 직업이 생기고 그 순서도 변천이 있었다. 사회의 권력 구조가 바뀌어도 일반인들의 사(士)가 되기 위한 노력은 쉽게 없어지지 않았다. 학문이나 직업상 알아야 할 정보가 늘어나서 그 직업 분야의 전문가가 되기 위해서는 오랜 시간 공부나 경력이 필요하게 되었는데 그 공로를 인정하기 위해 학사(學士), 석사(碩士), 박사(博士) 제도가 생기고, 기사(技士), 회계사(會計士), 법무사(法務士)니 하는 명칭이 생겨났다. 옛날에는 사법서사(司法書士)라는 직군이 있었는데 요즈음은 없어지고 행정사(行政士) 등으로 대체되었다고 한다. 젊어서는 이렇게 '사' 자를 따기 위하여 노력해도 나이 들어 은퇴하면 귀농 혹은 귀촌하게 되어 농자(農者)가 되는 게 대세가 아닌가 생각된다.

우리말로 '사' 자(字)로 끝나는 직업이 돈 많이 벌고 결혼상대자로 인기가 있다고 한다. 그래서 알아보니 한자 말로 다 달랐고, 크게 세 가지가 있었다. 판사(判事), 검사(檢事) 하고 변호사(辯護士)가 달랐다. 의사(醫師), 교사(敎師)에게는 '스승 사' 자(字)를 쓰고 있다. 옛 외국영화에 '사관(士官)과 신사(紳士)'라고 있었는데 '토관과 신토'라고 한자어를 잘못 읽었다는 유머도 있었다. 그 영화의 영어 제목이 'An Officer and A Gentleman'이라 군인 장교를 사관이라고 하나 본데 사관학교라는 명칭에도 보인다. ROTC는 Reserved Officer Training Corps의 약자라고 배웠고, 초등학교 교사 양성하는 교육대학이 옛날에 2년제일 때는 Officer 대신에 Non-officer를 써서 RNTC라는 제도가 있었나 본데, 교련 과목을 이수하고 졸업하면 하사관(下士官)으로 병역을 마친 것으로 쳐주었다고 한다.

08
베드로

　　　　　'예수께서 대답하여 가라사대 바요나 시몬아, 네가 복이 있도다. 이를 네게 알게 한 이는 혈육이 아니요, 하늘에 계신 내 아버지시니라. 또 내가 네게 이르노니 너는 베드로라. 내가 이 반석 위에 내 교회를 세우리니 음부의 권세가 이기지 못하리라. 내가 천국 열쇠를 네게 주리니 네가 땅에서 무엇이든지 매면 하늘에서도 매일 것이요. 네가 땅에서 무엇이든지 풀면 하늘에서도 풀리리라 하시고' (마태복음 16장 17~19절)

　예수께서 제자들을 데리고 갈릴리 산지 북쪽에 있는 가이사랴 빌립보 지방으로 가셔서 제자들에게 '사람들이 자기를 누구라고 하느냐?'라고 묻는다. 제자들이 더러는 세례 요한, 더러는 엘리야, 어떤 이는 예레미야나 선지자 중의 하나라고 한다고 대답한다. 다음에 '너희는 나를 누구라 하느냐?'라고 묻는데, 시몬 베드로가 대답하여 말하기를 '주(主)는 그리스도시오, 살아계신 하나님의 아들이시니이다'라고 신앙고백을 한다. 이 말을 듣고 예수가 한 말이 바로 위에 인용한 성경 구절이다. 예수가 그에게 아람어로 반석이라는 뜻의 케파(Cepha)라는 새 이름을 지어주었으며, 뜻을 따라 고대 그리스어인 페트로스로 표기하였다. 성경 일부 구절에서는 '게바'라고 표기하고 있다. 영어로 석유에 해당하는 'petroleum'도 같은 어원이다.

시몬 베드로는 요나 또는 요한의 아들로서 갈릴리 해변에서 고기를 잡던 어부로서 그 형제 안드레와 함께 예수의 제자로 부르심을 받았다. 마태복음 8장 14, 15절에 그 장모의 열병을 예수께서 고쳤다는 얘기가 있는데 이로 보아 그는 이미 결혼한 것으로 보인다. 그의 원래 이름은 시몬이었다. 시몬은 모래라는 뜻으로 시멘트(Cement)와 어원이 같다. 지금도 시몬(Simon)은 그대로 혹은 조금 변형된 형태로 서양 사람의 이름이나 성으로 많이 쓰이고 있다. 그런 시몬을 예수께서 반석(盤石)이라는 의미의 게바(베드로)라고 부르고 그 반석 위에 교회를 세우고 천국의 열쇠를 베드로에게 주겠다고 말하고 있다. 모래가 단단한 바위가 되었다. 반석은 우리말로 너럭바위라고도 하는데, 윗부분이 테이블처럼 평평한 모양의 돌을 의미한다. 아마도 서울 반포(盤浦)에는 옛날에 너럭바위가 있어서 남태령을 걸어 넘어온 사람들이 배로 가볍게 한강을 건너 남대문을 거쳐서 한양 도성으로 들어갔을 것 같다.

마태복음 7장 24~27절에 다음과 같은 내용이 나온다.
'그러므로 누구든지 나의 이 말을 듣고 행하는 자는 그 집을 반석 위에 지은 지혜로운 사람 같으리니 비가 내리고 창수(漲水)가 나고 바람이 불어 그 집에 부딪히되 무너지지 아니하나니 이는 주초(柱礎)를 반석 위에 놓은 연고요. 나의 이 말을 듣고 행치 아니한 자는 그 집을 모래 위에 지은 어리석은 사람 같으리니 비가 내리고 창수가 나고 바람이 불어 그 집에 부딪히매 무너져 그 무너짐이 심하니라.'

여기서 모래 위에 집을 지으면 안 되고 반석 위에 집을 지으라고 권면하고 있다. 우리말에 사상누각(砂上樓閣)이라는 말이 있어서 이 말이 우리의 머릿속에 속속 들어온다. 그러나 서울의 잠실이나 반포의 한강 변에는 고층 아파트가 많이 지어져 있다. 이 지역에서는 모래 위에 집이 지어졌다는 얘기이다. 고층 건물이나 댐을 지을 때 아래의 모래를 잘 다지고 물이 스며들지 않게 하면, 모래알이 밑으로 하중을 골고루 잘 전달하여 오히려 튼튼하다고 한다.

　예수를 제자로 따라다닌 시몬 베드로는 예수로부터 이 말을 들어서인지 더욱 분발하여 제자로서의 사명을 다한다. 그는 여러 기적을 목격하였고, 물 위로 걸었으며, 산에 따라 올라가 기도할 때 모세와 엘리야처럼 영광스러운 모습으로 변형된 예수의 얼굴도 볼 수 있었다. 마태복음 26장 34, 35절에 보면 '예수께서 가라사대 내가 진실로 네게 이르노니 오늘 밤 닭 울기 전에 네가 세 번 나를 부인하리라.' 베드로가 가로되 '내가 주와 함께 죽을지언정 주를 부인하지 않겠나이다'라고 하였지만 예수가 잡히던 때 처음에는 앞에 나가 방해하는 행동을 시행했지만 결국 예수를 공회 앞에 서게 하였다. 예수가 끌려간 후 베드로는 여종에게 자신과 예수를 세 번 부인하고 말았다. 닭 우는 소리에 자기의 잘못을 깨우쳤다고 하는데 그런 베드로의 마음을 기념하여 그 자리에 베드로 참회교회가 들어서서 후세 사람들에게 경각심을 불러일으키고 있다.

　예수가 죽음으로써 모든 게 다 끝났다고 체념하여 다른 제자들과 함께 갈릴리 바다로 돌아와 본디 직업인 어부 일을 하게 되는데, 부활하신 예수가 그들을 찾아와서 오히려 위로하고 새로운 사명을 베드로에게 준다. 마태복음 28장 19, 20절에 보면 '그러므로 너희는 가서 모든 족속으로 제자를 삼아 아버지와 아들과 성령의 이름으로 세례를 주고 내가 너희에게 분부한 모든 것을 가르쳐 지키게 하라. 볼지어다. 내가 세상 끝날까지 너희와 항상 함께 있으리라' 하시니라. 예수 승천 후 베드로는 예수를 대신하여 교회의 새로운 지도자가 되었다. 베드로는 이 사명을 수행하기 위하여 담대해지고, 또한 여러 데를 다니면서 선교를 열심히 하였다. 그러한 활약상이 신약성경 사도행전(Acts) 전반부에 기록되어 있다. 그중에 하나를 들어보면 사도행전 2장 14절 이후에 '베드로가 열한 사도와 같이 서서 소리를 높여 가로되 유대인들과 예루살렘에 사는 모든 사람들아, 이 일을 너희로 알게 할 것이니 내 말에 귀를 기울이라'고 말하고 담대하게 설교를 시작한다. 그 후 베드로는 기도로 병자를 고치는 기적을 행하고, 가이사랴에 사는 이방인인 고넬료라고 하는 로마 군대의 백부장에게 복음을 전한다. 이런 연유로 그는 초대 로마의 교황이 되었다.

기독교의 전승에 따르면, 그는 로마에서 교회를 지도하던 중 네로 황제의 박해에 휘말려 거꾸로 된 십자가에 못 박혀서 순교하였다고 한다. 베드로는 로마의 박해를 피해 달아나라는 교우들의 말에 따라 변장하고 혼자 조용히 로마를 떠난다. 로마 성문을 벗어나자, 베드로는 아피아 가도(Appian Way)에서 마주 오는 예수를 만났다. 베드로는 'Quo Vadis, Domine?' 즉 '주님, 어디로 가십니까?' 하고 물었다. 예수는 '십자가에 못 박혀 죽으려고 로마로 가는 길이다.'라고 대답했다. 베드로가 '주님, 십자가에 다시 못 박히시겠다는 말씀이세요?'라고 묻자, 예수는 '그렇소. 베드로야, 나는 다시 십자가에 못 박힐 것이다'라고 대답했다. 그제야 베드로는 정신을 바짝 차리고 예수를 찬양하면서 로마로 발길을 돌렸다.

그리고 교우들에게 돌아가서 자기가 본 환시를 이야기하면서 자신은 십자가에 못 박힐 것이라고 말했다. 결국 베드로는 로마 군사들에게 체포되어 십자가에 매달려 순교했다. 이때 베드로는 자청해서 머리를 아래로 두고 거꾸로 매달려 십자가에서 처형되었다고 전해지는데, 예수와 똑같은 방식으로 죽을 수 없다는 이유에서였다. 바티칸의 성 베드로 대성전 아래 그의 무덤이 있다고 전해진다. 베드로는 예수에게서 천국의 열쇠를 부여받았기 때문에 교황이 되었다고 가톨릭(천주교회)은 주장하며 현재까지 베드로의 후계자로 교황을 선출하고 있다.

그 뒤에 베드로는 서양사에서 큰 비중을 차지하며 사람들의 이름이나 성으로 채용되었다. 영어권에서 피터(Peter)라는 이름을 비롯하여 러시아어로 표트르(Pyotre), 이탈리아어로 피에트로

(Pietro) 등 다양하게 변형되었다. 지명으로는 러시아의 쌩 뻬쩨부르그(St. Petersburg)가 유명하다. 사람은 돌에 대한 동경이 있나 보다. 독일계 이름인 과학자 아인슈타인(Albert Einstein, 1879~1955)이 생각나고, 우리 국어학자 이희승(李熙昇, 1897~1989) 선생의 호가 일석(一石)이었다고 생각난다.

09
마사다

히브리어로 '요새'라는 의미인 '마사다(Masada)'는 이스라엘의 남부, 유대 사막의 동쪽, 사해의 서쪽에 우뚝 솟은 자연 바위로 된 산이다. 마그마의 융기 현상으로 생겨났다고 믿어지는 마사다는 사면이 모두 깊은 계곡으로 이루어져 있으며 거의 직각에 가까운 높이 400m의 절벽으로 둘러싸여 있다. 마사다는 이러한 독특한 지형으로 인하여 주변의 산들과 완전히 격리되어 있다. 그러나 정상은 길이 600m 폭 250m의 평평한 돌바닥으로 되어 있다. 현재는 유네스코가 지정한 세계문화유산의 하나이며 유명한 관광지가 되었다. 산 정상까지 케이블카가 설치되어 있어 관광객은 쉽게 산 정상까지 올라갈 수 있

고, 정상에 있는 유물들을 구경할 수 있다. 케이블카로 올라가면서 주변의 경치를 보면 돌과 흙만 있는 그야말로 나무 하나 없는 황무지이다.

마사다는 하시모니안(Hasmonean) 왕조의 요나단 시대(BC 103~BC 76)에 처음으로 요새화되었다고 전해진다. 그 후 BC 37년 헤롯(Herod)이 로마의 후원으로 유다의 정식 통치자가 된 후, 그는 마사다를 완벽한 요새로 재건하였다. 그가 이곳을 요새화시킨 이유는 외적의 침입이나 유대인의 반란과 같은 위기 상황이 생길 때 이곳을 도피처로 사용하기 위해서이다. 헤롯은 마사다 정상에 두 겹의 성벽을 쌓고 그 안에 궁전을 비롯하여 저수탱크와 창고 같은 부대 시설을 건축하였다. 수천 명이 몇 년간 충분히 먹을 수 있을 정도 분량의 식량을 쌓을 수 있는 식량창고를 만들었다.

헤롯이 사망한 후에 로마는 이곳에 작은 규모의 군대를 상주시키면서 마사다 요새를 유지하였다. AD 66년 제1차 유대-로마 전쟁이 발발하였다. 전쟁 초기에 열심당원(Zealot)들은 이곳에 주둔하던 로마 군인들을 모두 추출하였다. 그러다가 AD 70년 로마제국의 군대에 의해 예루살렘이 함락되면서 1,000여 명의 열심당원들과 그들의 가족들이 이곳으로 옮겨와 로마에의 항쟁을 이어갔다. 그들은 2년여 동안 이곳을 근거지로 삼고 로마군이나 자신들의 뜻을 따르지 않는 다른 유대인들을 공격했다.

로마군단은 장장 3년 동안이나 여러 차례 요새를 공격했으나 성벽은 무너지지 않았고, 로마군은 마사다 서쪽 지역에 같은 높이의 거대한 성채를 쌓아 올려 공성을 준비했다. 이 동안에 유대 저항군의 반격이 기록되어 있지 않다. 이는 당시 마사다의 저항군이 로마군에 대항할 전력이 없었기 때문으로 보고 있다. 그러나 일부 역사학자들은 로마군이 성채를 쌓을 때 같은 열심당원인 유대인 노예를 이용했기 때문에 민족주의 성향이 다분한 열심당원이 차마 동족을 죽일 수 없었다고 보고 있다.

AD 73년 드디어 공성을 위한 성채가 완성되자, 로마군은 마사다 요새의 성벽 일부를 깨뜨리고 요새로 진격해 들어갔다. 식량창고를 제외한 요새 안의 모든 건물이 방화로 불에 탔고 엄청난 수의 자살한 시체들만 즐비했다. 유대인 율법은 자살을 금지하고 있었기에 유대인들은 로마군단의 진격이 확실시되자 로마군에 잡혀서 수모를 겪느니 차라리 자유인으로서 영광되게 죽기로 결심한다.

각 가족의 가장들은 사랑하는 아내와 자식들을 직접 칼로 찔러 죽인 다음 남자들이 모여 열 명을 추첨하고 그들이 나머지 사람들을 죽이고 다시 한 명을 뽑아 아홉 명을 죽인 후 그도 최후로 자결하였다고 한다. 건물을 모두 불에 태우면서도 식량창고만은 남긴 것은 최후에 자신들이 노예가 되지 않으려고 자살한 것이지, 식량이 없거나 죽을 수밖에 없어서 자살한 것이 아니라는 것을 보여 주기 위한 목적이었다. 이 와중에 여자와 어린이 등 7명이 생존하여 이 이야기가 전해졌다고 한다. 그들도 나이 들어 죽고 마사다는 거의 2,000년간 잊혀 있었다.

3년 동안 포위 작전과 토담 건설로 고생한 로마군은 천여 구의 시체 앞에서 망연자실했으며, 로마 군인들은 유대인들의 정신력에 겁을 먹고 생존자들을 차마 죽이지 않았다고 그 비극적인 전설 같은 사실이 오늘날까지 전승되고 있다. 황폐화 된 마사다 요새는 1842년 그 존재가 알려졌고, 1960년 중반 이스라엘 학자들에 의한 발굴 작업으로 그 실체가 알려지게 되었다. 헤롯왕의 두 개의 궁전과 빗물을 저장했던 거대한 수조, 로마식 목욕탕과 유대 반란군의 막사, 창고 등이 발굴되어 복원되었고 로마군이 요새를 둘러서 쌓았던 성채와 그 외곽에 로마군 막사의 유적도 발굴되었다.

마사다는 현재 이스라엘 국민의 안보 교육장으로 활용되고,

이스라엘 장병들의 각종 훈련 뒤에 마지막 선서식의 장소로 활용된다고 한다. 이스라엘 군인들은 행군으로 밤에 이곳을 올라 '다시는 마사다가 함락되게 하지 않는다'라고 맹세하는 의식을 행한다고 전해진다.

10
철원鐵原

　　　　　철원은 강원(특별자치)도에서 가장 서쪽에 있는 군(郡)이고 북쪽은 북한으로 휴전선(DMZ; Demilitarized Zone)이 지나간다. 한반도의 정중앙에 있으며 지금부터 천여 년 전에는 궁예가 세운 태봉국의 수도였다. 일제의 경원선 부설 이후 강원도의 주요 교통 거점이었으나 남북분단과 6.25 전쟁으로 도시는 크게 쇠락했다. 옛 경원선 월정리(月井里)역에 '철마는 달리고 싶다'라는 제목으로 전시된 녹슨 철도와 기차는 남북분단의 흔적을 그대로 간직하고 있다. 그 외에 옛 노동당사, 제2땅굴 등이 국가 안보 관광지로 손꼽히고 있다.

철원은 산으로 둘러싸인 분지로 넓은 평야 지대이다. 분지 지형으로 인하여 철원 지역은 현재 남한에서 일기예보 시간에 겨울에는 가장 추운 지역으로 여름에는 더운 지역으로 나온다. 철원평야는 국내에서 김제 평야와 함께 지평선을 볼 수 있는 단 둘뿐인 육지라고 한다. 수천만 년 아마도 1억 년쯤 전에 북쪽의 평강(平康) 지대에서 용암(마그마)이 분출하여 이 지역으로 흘렀다고 추정된다. 용암은 철(Fe), 칼슘(Ca), 마그네슘(Mg) 성분이 많고 어두운 색깔을 띠는 염기성암인 현무암으로 이 지역에 있던 화강암 지역을 덮쳐 이 지역의 암석을 녹이고 흘러서 드넓은 평야 지대를 만들었다고 생각된다. 동네 이름은 땅속에 쇳덩어리가 많다고 쇳벌, 즉 철원(鐵原)이 되었다. 지구의 내부가 수천 도에 이르는 철로 되어 있다는 가설과 일치하는데, 주위에 막상 이름난 철광산은 없다. 원(原)은 근원이란 뜻이다. 수원(水原)은 물의 근원이란 의미이다. 원(原)은 평원이란 말에서 볼 수 있듯이 평야란 의미이다.

세월이 흐르면서 하천의 물이 서쪽으로 흘러 암석층을 침식하여 임진강을 거쳐 서해로 흘러갔다. 그 결과 하천의 바닥이 평야 지대보다 낮은 형상을 갖게 하였다. 이 하천이 바로 한탄강이라고 명명되어 있다. 한탄(漢灘)이란 '큰 여울'이라는 뜻이다. 지역의 특성상 평야 지대에 있는 논에 물을 대기 위하여 바로 옆 하천의 물은 펌프로 퍼 올리지 않는 한 무용지물이다. 결국 상류에 저수지를 형성하고 수로를 별도로 내서 물을 끌어와야 한다. 이렇게 생산된 이 지역의 쌀은 전국적으로 유명하다. 유명한 오대쌀의 생산지로 쌀 생산에 비중을 두는 편이며 드넓은 철원평야에 논만 가득하다. 철원의 쌀은 DMZ에서 흘러온 물로 키웠다는 걸 강조한다. 철원군 대부분을 차지하는 용암대지의 특이하고 보존 가치가 높은 여러 곳이 유네스코 세계지질공원으로 지정되어 있다. 특이 지형마다 안내판과 관람 보조 시설이 있는데 그 여러 곳을 합해서 한탄강 세계지질공원이라 부른다. 각 지정 지역은 철원군과 인접 포천시, 연천군에 걸쳐 있으며, 광활한 철원용암대지 위에 꽤 떨어져 있다. 한탄강 지역의 지질학적 특징은 현무암과 화강암이 모두 관찰된다는 점이다. 평야(논)와 하천 주위엔 독수리와 두루미 등이 찾아와 눈 덮인 논밭이나 얼어붙은 강가에 있는 두루미 무리가 상당히 아름답다고 알려져 있다. 굳이 두루미를 찾으러 다니지 않아도 도로변 논밭에서도 볼 수 있다.

철원은 노동당사, 백마고지를 비롯한 전적지, 땅굴, 철도 중단점, 철원 옛 시가(市街)와 비무장지대 등 역사적 가치와 상징성이 높으며 철원 용암대지와 한탄강, 비무장지대를 비롯하여 생태학적 가치가 높고 궁예도성과 고석정 등의 역사 유적이 있어 관광지로서의 가치와 발전 가능성이 높다. 주말에는 사람들이 많이 몰린다. 철원군은 행정구역상 강원도지만 사실상 경기도 생활권이다. 철원군은 도청 소재지인 춘천시보다 경기도 연천군, 포천시, 의정부시 쪽에서의 접근이 훨씬 쉬운 편이다. 철원군청에서 춘천시청까지 75km 거리에 1시간 30분 전후로 소요되고, 원주시청까지는 무려 170km에 3시간이 소요되지만 철원군청에서 포천시청까지 30분, 의정부시청까지는 1시간 10분이면 갈 수 있다. 서울까지 고속도로 등이 잘 뚫려있어 포천시, 남양주시를 거쳐 약 100km 정도의 거리로 1시간 30분이면 서울에 너끈히 들어올 수 있다. 주민들의 말씨도 경기 북부와 같고 강원도 영서 지역 방언과는 영 다르고 오히려 서울 지역 말씨에 가깝다. 철원에는 6.25 전쟁 이후에 이북에서 내려와 정착한 주민이 많았는데 지금은 대부분 3대에서 4대 이상 거주한 이들이라서 나름 자신이 토박이라고 생각한다.

한국전쟁은 1950년 6월 25일 발발하여 1953년 7월 27일 정전협정이 체결되어 포화가 멎었다. 그러나 전선이 움직이며 격렬한 전투가 일어나기는 약 9개월 정도이고, 판문점에서 휴전회담한다고 2년 이상 소일하였다. 판문점의 서쪽 황해도 지역이 전쟁 전에는 남한 땅이었으나 지금은 연백평야가 북쪽의 땅이 되었다. 그 외의 지역에서는 국지전이 있었는데 판문점 동쪽에서 남쪽의 군인들이 결사적으로 방어하여 전쟁 전에 38선 이북이었던 지역을 수복할 수 있었다. 철원평야가 대표적인 지역이다. 철원평야 대부분을 남쪽이 차지하여 북쪽이 얻은 부분은 원래 철원의 귀퉁이일 뿐이다. 북쪽에서는 철원평야 대부분을 잃음을 크게 아쉬워하였다고 한다. 농업용수로 쓰였던 큰 저수지가 북쪽에 있어서, 휴전 이후 남쪽에서 관개에 어려움을 겪다가 자체적으로 저수지를 2개 건설하여 용수 문제를 해결하였다고 한다.

철원 지역은 천여 년 전에 우리 역사의 무대로 등장한 적이 있다. 그 주인공이 바로 궁예(弓裔, 869?~918)이다. 그는 신라 시대 왕가의 서족(庶族) 출신으로 신라 말 혼란기에 자립하여 사병을 모으고 장군이 되었다가 스스로 왕을 칭하고 후고구려를 건국하였다. 뒤에 스스로 미륵으로 자처하면서 신정적(神政的) 전제 왕권을 강력히 추진했으나 당시 송악(松嶽)의 해상 호족의 후예인 왕건(王建, 877~943)을 지지하는 호족들과 유학자들에게 축출되어 비참한 최후를 맞이하였다. 궁예의 죽음으로 태봉은 멸망한다. 후고구려의 군주로 재위 기간은 901년~918년이다.

903년부터 궁예는 수도를 송악에서 자신의 첫 거점이었던 철원으로 옮길 계획을 세우고 있었다. 철원 지역을 친히 돌면서 산세를 살피기도 하고, 905년에 송악에서 철원으로 도읍을 옮겼다. 궁예가 철원으로 도읍한 뒤에 세운 궁궐과 누대는 크고 화려하게 세워졌으며, 연호도 성책(聖冊)이라고 하였다. 이 궁터는 현재 비무장지대(DMZ) 안에 있으며, 옛날 궁예의 안방 옆으로 경원선 철로가 지나갔다고 한다. 906년에 궁예는 왕건을 보내 후백제의 견훤 군대와 여러 차례 치열하게 싸워 결국 크게 이겼다. 911년, 국호를 태봉(泰封)으로, 연호를 수덕만세(水德萬歲)로 개칭하고 궁궐을 증축했다. 태봉(泰封)의 뜻은 주역에서 '태(泰)'는 '천지가 어울려 만물을 낳고 상하가 어울려 그 뜻이 같아진다'라는 뜻이라 하고, 봉(封)은 봉토, 곧 땅이다. 결국 궁예는 철원을 기반으로 '영원한 평화가 깃든 평등 세계', 곧 미륵 세상인 대동방국의 기치를 높이 든 것이다. 그러나 궁예는 소위 '관심법'이라고 사람의 마음을 읽는 비상한 재주가 있다며 스스로 떠벌여 장군들과 문신들을 역모죄로 몰아 죽이는 등 가혹한 공포정치를 행했다. 918년, 궁예의 숙청에 위기의식을 가진 무장, 호족, 유학자 관료들이 왕건을 추대할 계획을 세우고, 한밤중에 정변을 일으켜 대궐로 쳐들어갔다. 궁예는 궁궐이 있는 성(城)을 버리고 달아나다가 객지에서 죽었다. 궁예의 죽음으로 태봉은 멸망하고, 왕건이 즉위하여 고려를 건국했다. 한동안 왕건에 반대하는 친궁예 세력들이 건재하여 반란을 일으키거나 후백제에 귀부하기도 했다.

궁예가 철원으로 도읍을 처음 옮겼을 때 눈에 보이는 돌마다 구멍이 숭숭 나 있는 것을 보고 왕조의 몰락을 직감했다는 설화가 있다. 백성들이 물러나라고 난리 치자 '한탄강 강가의 돌에 좀이 슬기 전까지는 물러날 수 없다'라고 일갈했다. 그런데 다음날 득달같이 한탄강 주변에 가 봤더니 진짜로 돌에 좀이 슬어 있었고, 이것을 궁예에게 보여 주며 물러나라고 하자 궁예가 '내 운수가 다했구나'라며 탄식하며 성을 버리고 나갔다는 이야기이다. 이 설화는 현무암 지대인 철원의 지리적인 특징과 태봉의 역사가 결합 된 사례이다. 철원에서는 이 현무암 돌을 종종 '곰보 돌'이라고 부른다고 한다. 21세기에 이르러서 TV 연속극에서 궁예를 애꾸눈의 승려라는 외모로 묘사하면서 많은 관심을 받았다.

중동 지역 성지순례 기행기에 갑자기 우리나라 철원의 역사와 지리 이야기가 등장하는 이유는 두 곳 모두 평평한 평야 지대보다 하천의 위치가 낮다는 점 때문이다. 한탄강 협곡은 수십 미터(m) 깊이이지만, 요단강 지역 협곡의 깊이는 수백 m, 깊은 곳은 천 m가 넘는다. 모압 지방을 이루는 북쪽의 아르논강이나 남쪽의 세렛강은 테이블 형태의 고원지대로부터 그 깊이가 900m 정도 된다. 모압의 남쪽인 에돔 지방은 세렛강에서 홍해에 이르는 지역을 말한다. 자연적으로 이 중동의 협곡이 이 지방을 지리적으로 고립시키게 되고 사회적으로 별도의 지방으로 성장하게 된다. 오늘날 관광버스로 그 협곡을 건너가더라도 몇 시간은 족히 걸리게 된다. 이 지역에 최적의 경로인 '왕의 대로(the King's Highway)'가 고대부터 형성되어 있었고, 로마 시대에는 협곡을 횡단하는 도로에 이정표가 설치되어 있었는데 오늘날까지 남아 있다고 한다.

현재 철원군은 한탄강의 절벽에 잔도를 설치하여 관광객이 걸으며 이 지역을 관찰하도록 하고 있다. 그 잔도의 이름이 '철원 한탄강 주상절리길'이다. 주상절리길을 걷다 보면 기둥 모양으로 이루어진 암석 절벽을 만나게 된다. 주상절리(柱狀節理)란 기둥 형상으로 갈라진 틈이란 뜻으로 이 지역의 주상절리는 현무암질 용암이 땅 위를 흐르다가 용암의 표면이 굳어지게 되면서 균열이 생기게 되어 형성된 것이다. 이 과정에서 용암의 표면은 육각형이나 3~7각형의 다각형 모양으로 갈라지게 된다. 냉각 과정이 지속되면서 단단하게 굳어진 틈이 땅속까지 연결된다. 이로써 기둥 모양의 바위들이 무수하게 많이 서 있는 모습이 된다. 그러나 하천을 흐르는 물에 의하여 장시간 동안 그 바위들이 침식되어 버려서 이 지역에서는 온전한 기둥 모양을 볼 수가 없다. 우리나라 남해안이나 제주도 서귀포에 있는 해안에 가면 온전한 모양의 주상절리를 볼 수 있다. 세계적으로 유명한 주상절리는 북아일랜드에 있는 '거인의 방죽 길'이라고 번역될 수 있는 자이

언트 코즈웨이(Giant's Causeway)이다. 한탄강 지역에는 오히려 수평판 모양으로 누운 수평절리(水平節理)가 발견되어 유명하다.

철원의 관광 코스로 제2땅굴을 빼놓을 수 없다. 지금으로부터 거의 50년 전에 북한 군인이 우리 남한 지역으로 땅굴을 판 것을 우리 군인이 발견하고 이를 안보 관광 코스로 개발하였다. 용암이 굳은 화강암 지역을 다이너마이트 폭약과 사람의 힘만으로 우리 측 지하를 뚫고 들어왔다. 두 사람 정도가 서서 통과할 수 있는 크기이다. 당시에 남침의 목적이라고 대대적으로 선전하고 유사한 땅굴이 휴전선에서 적어도 세 개 더 발견되었다. 그러나 기술적으로 볼 때 땅굴을 파는 게 비효율적인 방법이라고 생각되었는지 아니면 전술이 바뀌었는지 해서 지금은 더 이상 땅굴 보도가 나오지 않는다. 우리는 고속도로를 건설할 때 땅굴을 터널이란 이름으로 편도 4차선까지 뚫고 있다. 기계를 세팅해 놓으면 자동으로 바위나 흙을 깎아 차로를 만들어 놓는다. 지금부터 50년 전에는 땅굴을 탐지하고 발견하는 것이 큰일이었지만, 지금은 기술적으로 큰 진보가 있어서 그리 큰일이 아니다. 이제는 서울 도심 깊은 곳에 GTX를 건설하고 전철이 다니게 하고 있다. 50년 전에 휴전선에서 땅굴을 팠던 사람이나, 그것을 탐사하던 사람들은 지금은 전부 죽었거나, 노인이 되었다.

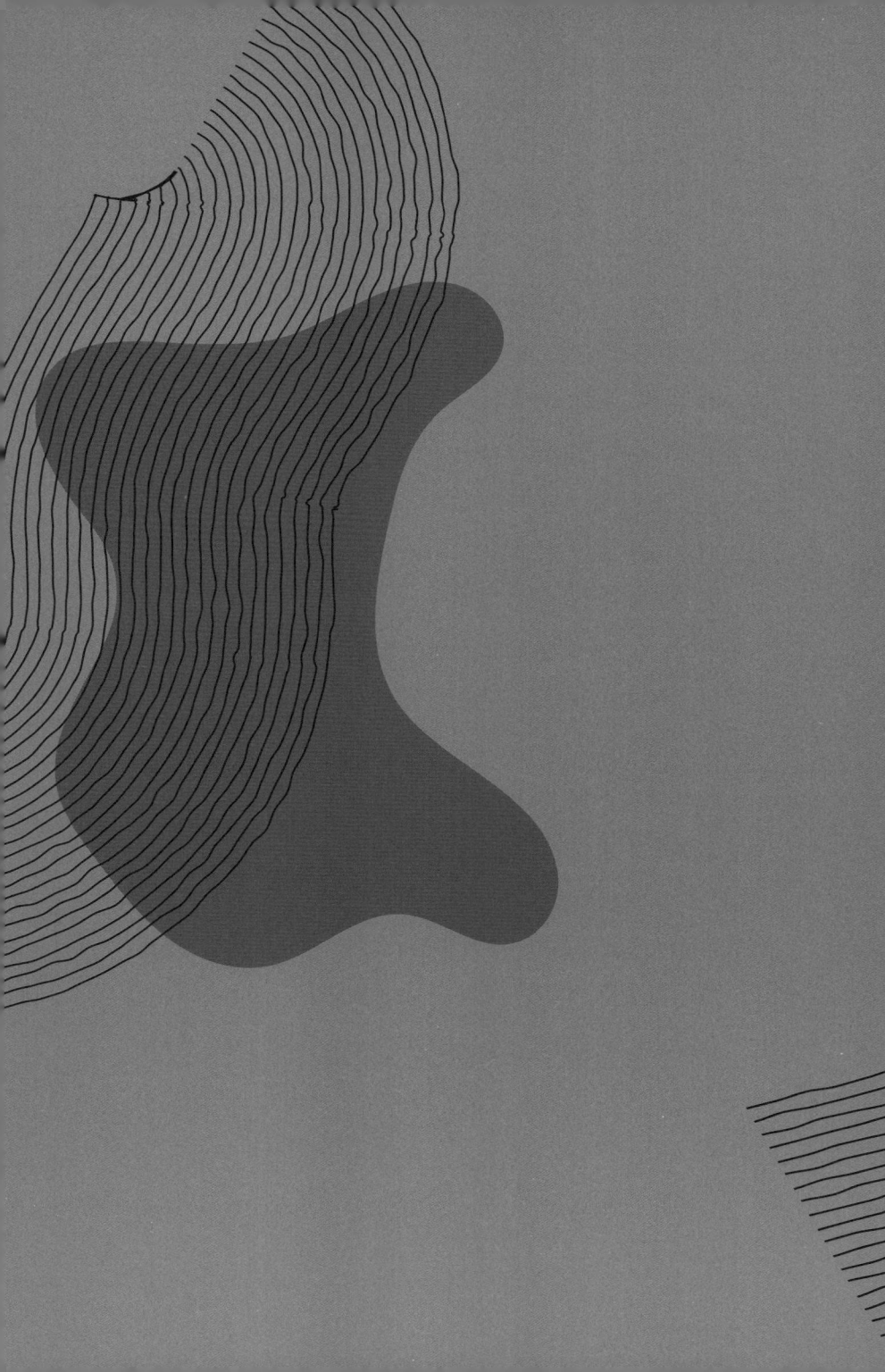

II

몸

11
나일강

나일강(Nile River)은 적도 근처에서 발원하여 아프리카 대륙의 동북부를 흘러 지중해로 유입되는 길이 약 6,650km인 강이다. 남미에 있는 아마존(Amazon)강과 세계에서 가장 긴 강이라는 기록을 놓고 경쟁하고 있다. '나일'이라는 명칭은 '강'이라는 뜻의 고대 셈어 '나할(Nahal)'에서 온 것으로 여겨지는데, 이는 히브리어로 '강'을 뜻하는 '나할'의 어원이기도 하다. 빅토리아호 근처에서 발원하여 수단의 하르툼(Khartoum)까지 흐르는 강을 백나일강(the White Nile)이라고 부르고, 에티오피아 고원지대에서 발원하여 하르툼까지 흐르는 강을 청나일강(the Blue Nile)이라고 부른다. 아마도 흐르는 강물의 색깔로 그렇게 나누

어서 부르지 않나 생각된다. 하르툼에서 백나일강은 청나일강과 합류하여 나일강 본류를 이루고 이집트를 거쳐 북쪽에 있는 지중해로 흐른다.

나일강의 폭은 이집트의 아스완 댐 근처에서 800m 정도가 되고 물 흐름은 어른들의 보행 속도 정도 되는데, 카이로 근처에 오면 강폭이 1.6km 이상으로 넓어진다. 카이로를 지나면서 나일강은 수많은 수로로 나뉘어져 비옥한 삼각주 평야 지대를 이루면서 지중해로 빠져나간다. 다른 강의 불규칙적 홍수와는 달리 나일강은 매년 일정하게 범람하는 홍수로 유명하다. 고대 이집트인들은 1년을 365일로 계산하는 태양력을 만들어 연례적인 범람에 대비하였다. 나일강의 범람은 이집트의 번영과 밀접한 연관성을 지니고 있다. 이 범람은 에티오피아 고원의 겨울철 강우와 눈 녹은 물 때문이다. 이때 비옥한 미립질의 검은 토양이 하류에 공급된다. 범람의 시작은 하르툼의 경우 4월이며 북쪽으로 갈수록 조금씩 늦어져서 카이로 근방에서는 10월에 최고조에 달한다. 이러한 범람이 끝난 후 농지를 원래대로 복구하기 위해 고대 이집트 문명에서는 측량학과 기하학이 발달했다고 한다. 최근에 홍수로 인한 수해를 막기 위해 아스완 댐 등이 건설되었다. 1970년에 준공된 아스완 하이 댐은 수단 국경 지역까지 형성된 거대한 인공호수인 나세르호를 만들었다. 댐 건설로 나일강 하류의 유량 변화는 상당히 안정되었으나, 다른 부수적인 부작용이 보고되고 있다.

　이집트는 나일강의 선물이다. 이집트에서 나일강은 생명의 젖줄과도 같다. 이집트는 사막 한가운데에 있지만 오아시스 같은 역할을 하는 거대한 나일강으로 인하여 고대문명을 꽃피운 나라이다. 세계의 4대 문명은 강 유역을 중심으로 형성되었다. 이집트의 나일강 유역, 메소포타미아의 유프라테스강과 티그리스강 유역, 인도의 갠지스강 유역, 중국의 황하 유역을 고대문명의 4대 발상지라고 한다. 고대 이집트인들은 나일강을 신격화시켜 신으로 여겼다. 나일강 물이 불어나는 것은 신의 축복이라고 이해하였고, 나일강 물이 줄어드는 것은 신의 불만이라고 생각했다. 나일강의 동편은 살아있는 사람들의 거주 지역이고 나일강의 서편은 해가 지는 쪽으로 죽은 자의 땅이라고 생각하였다. 구약 성경 창세기 41장 1~3절에서 나일강은 특별한 이름이 없이 단순히 '하수(河水)'라고 언급되었다.

　옛날에 이집트에 홍수가 있으면 이 지역에 풍부한 곡식 생산과 번영을 의미하였다. 반면에 나일강에 홍수가 없으면 흉작과 굶주림을 의미하였다. 고대에 인근의 다른 근동지역에 기근이 있을 때마다 비옥한 토양과 풍부한 물 근원을 가지고 있던 이집트는 좋은 피신처가 되었다. 창세기 12장 10~20절에 보면 가나안에 살던 아브라함은 그 땅에 기근이 있으므로 이집트로 내려갔다가 사촌인 아내 덕에 자기 목숨을 건졌다. 창세기 42장 이후의 기록을 보면 아브라함의 손자 야곱도 가나안 땅에 가뭄이 들어 그 아들들을 이집트로 양식을 얻으러 보냈다가 잃어버린 줄 알았던 아들 요셉이 하나님의 은혜로 이집트의 총리가 되어 있음을 보고, 그 후손들을 이집트의 고센 땅으로 이주시키게 되었다. 하늘에서 떨어지는 비에 모든 생활을 의존하는 팔레스타인 지역과는 이집트가 엄밀하게 구별된다. 이런 점으로 성경은 신명기 11장 10절에서 이집트를 빠져나와 가나안으로 들어가려는 이스라엘 백성들에게 가나안 땅은 이집트 땅과 같지 않다고 강조하고 있다.

나일강 계곡은 아스완 댐 근처에서 삼각주 지역까지 약 960km에 이르는데, 이 계곡의 양편으로 10~16km 정도의 지역이 비옥한 농경 지역이다. 이집트에서 농작물 재배에 적합한 지역은 이런 나일강 계곡과 하구의 삼각주 지역이다. 이러한 농경 지역은 전체 이집트 영토 가운데 약 7%에 불과하고 그 외의 지역은 불모의 사막이다. 나일강은 농업 이외에도 상부 이집트와 하부의 삼각주 지역을 연결하는 교통로로서 중요한 역할을 하였다. 나일강을 통하여 이집트의 신전들과 조각품을 만드는

질 좋은 화강암이 상부 이집트에서 하부로 배나 뗏목으로 옮겨졌으며, 삼각주 지역에서 생산되는 곡물과 기타 물건들이 상부 이집트의 중심도시 테베(룩소르)로 옮겨졌다.

　이집트의 수도 카이로는 인구가 천만 명이 넘는 아프리카와 중동지역에서 가장 큰 도시이다. 카이로가 이집트의 중심지로 부상하기는 역사적으로 후대의 일이다. 고왕국 시대 이집트의 중심지는 지금의 카이로에서 남쪽으로 20km 떨어진 멤피스였다. 고대 이집트 시대에는 오늘날의 카이로 근처에 종교 중심지였던 헬리오폴리스가 있었다. 헬라 시대에는 지중해 해안에 알렉산드리아가 세워지면서 이집트의 중심지가 그곳으로 옮겨갔다. 그런 상황은 로마와 비잔틴 시대에 이르기까지 계속되었다. 카이로가 이집트의 새로운 정치적 중심지로 부상하기는 아랍 시대에 들어와서 생긴 일이다. 그렇게 시작된 이집트의 새로운 중심지는 수 세기 동안 중세도시로 성장했다. 969년 이집트의 통치자가 바뀌면서 새로운 도시를 건설하고, 그곳 이름을 '알 카히라(승리자)'라고 하였는데, 여기에서 '카이로'란 도시 이름이 생겼다고 한다. 카이로를 그리스문자로 쓰면 ΧΡ(카이로)가 된다. 우리나라 어느 동네에나 있는 천주교 성당 건물을 보면 ΧΡ란 글자가 보인다. 아마도 그리스도(ΧΡΣΤ)라는 의미일 터이다.

이집트 인구의 약 6% 정도가 이집트의 기독교인 콥틱교 교인이라고 알려진다. 카이로의 어느 지역에 가면 기독교 유적들이 있다. 아부 사르가(Abu Sarga) 교회는 이집트에서 가장 오래된 교회로 AD 4세기 말에서 5세기 초에 세워졌다고 전해 온다. 이 장소는 아기 예수를 데리고 요셉과 그 가족이 피난하여 수개월을 지냈던 곳으로 전해진다. 아부 사르가 교회가 있는 골목 안쪽 끝에는 건축 연대 미상인 벤 에스라 회당이라는 유대인 성당이 있다. 유대인 공동체가 이곳에 존재하였던 사실은 요셉이 아기 예수를 데리고 이집트로 피신하여 이곳에 머물러 살았다는 근거가 되기도 한다. 오늘날 그 지역에 악취와 먼지가 나는 쓰레기장이 있어서 기독교인들이 사회적으로 박해받고 있다는 인상을 받았다.

12
비옥한 초승달

　　　　　　비옥한 초승달 지역(Fertile Crescent)이라는 말은 미국의 역사학자 브레스테드(James H. Brestead, 1865~1935)가 처음으로 사용하였다. 그는 1906년 5권으로 구성된 '이집트 역사서(Ancient Records of Egypt)'를 집필하였다. 그는 이 책에서 페르시아만에서 시작하여 지중해의 동부 해안에 이르는 비옥한 지역이 마치 초승달 모양처럼 가늘고 길게 자리 잡고 있어서 그런 명칭을 사용하였다. 이 지역의 동쪽 끝은 페르시아만의 충적(沖積) 평야인데, 티그리스강과 유프라테스강 유역을 따라 북서쪽으로 올라가 하란 등을 정점으로 남서쪽으로 방향을 바꾸어 지중해 해안 지역에 이른다. 브레스테드가 처음으로 명명(命名)할 때

는 이 지역을 지칭하였으나, 나중에는 그 서쪽 끝인 나일강 유역의 충적 평야까지 포함하여 말하게 되었다. 이 지역에서 세계 최고(最古)의 농경 문화가 일어났음은 명백하며, 아마도 시리아, 팔레스타인이 그 발상지이고, 이 문화의 영향 아래 티그리스강과 유프라테스강 유역에 메소포타미아 문명, 나일강 유역에 이집트 문명이 고도로 발생하였다.

비옥한 초승달 지역은 사면이 자연적인 방벽에 둘러싸인 고대 문명의 요람지이다. 북쪽에는 오늘날의 튀르키예와 이란 사이에 있는 아르메니아 산지가 있으며, 동쪽으로는 이란의 고원지대와 저지대를 갈라놓는 자그로스 산지가 놓여 있다. 서쪽에는 지중해, 남쪽으로는 아라비아와 시나이반도의 광활한 사막이 자리 잡고 있다. 특히 북쪽에 있는 산간지대는 북쪽에서 침입하는 외적과 겨울에 불어오는 추운 바람을 막아 주었고, 남쪽의 사막지대는 남부지방에서 침입하는 외적을 막아 주는 방패 역할을 하였다. 근동의 비옥한 초승달 지역은 창세기의 족장 역사를 비롯하여 성서의 배경이 되고 있다. 이 지역에 정착한 농경 민족과 주변의 유목 민족과의 평화적인 또는 전투적인 교섭 속에서 고대사가 전개되었다. 역사 지리적 입장에서 비옥한 초승달 지역은 동부와 서부지역으로 나눌 수 있다. 동부 지역은 메소포타미아 지방이라고 부르며, 서부지역은 지중해 해안 지역으로 레반트 지방이라고 부른다. 이스라엘은 지형적으로 비옥한 초승달 지역의 서부인 레반트에 속한다. 이집트는 지형적으로 비옥한 초승달 지역 밖에 있지만, 고대 근동 역사의 중요한 축을 이루고 있어서 비옥한 초승달 지역에 포함한다.

'메소포타미아'라는 명칭은 '두 강 사이'라는 헬라어의 음역에서 비롯되었다. 여기에서 두 강이란 티그리스강과 유프라테스강을 의미한다. 메소포타미아는 티그리스강과 유프라테스강 사이의 비옥한 충적토 평야 지역을 말하는데, 오늘날의 이라크 영토 대부분이 이에 속하고 있다. 충적토 평야 지역은 북동 방향으로 약간 기울은 형태의 정방형 모양을 하고 있다. 동서의 길이가 960km이고, 남북 간의 폭이 320km나 되는 광활한 지역이다. 메소포타미아의 대부분 지역은 해발 180m 이하의 낮은 지역이다. 이 지역의 역사 지리적 중요성은 이 지역을 통치하면서 이스라엘과 직접적인 관계성을 가지고 있었던 바벨론과 앗수르 등과 같은 고대 제국으로 요약할 수 있다.

'레반트(Levant)'는 일반적으로 지중해의 동부 해안 지역을 지칭하는 명칭이다. 오늘날에는 시리아, 레바논, 요르단, 이스라엘의 네 나라가 이 지역에 속한다. '레반트'라는 명칭은 '해가 떠오른다'라는 의미의 이탈리아어 'Levante'에서 파생된 용어로서 해가 떠오르는 지역 곧 동쪽을 의미한다. 13~14세기 'Levante'는 그리스, 아나톨리아, 시리아–팔레스타인, 이집트를 포함한 이탈리아 상업 권역을 지칭하는 말로, 베네치아 공화국의 동쪽을 의미했다. 이후 '레반트'는 시리아–팔레스타인과 이집트에 있는 이슬람 국가들을 지칭하는 용어가 되었다. 15세기 말 프랑스어로부터 '레반트'라는 용어가 영어에 도입되었다.

'레반트(Levant)'는 서아시아에서 동지중해를 가리키는 용어다. 현대 고고학과 다른 문화적 범위를 고려한 가장 좁은 의미의 레반트는 키프로스와 지중해와 접한 서아시아 지역을 가리키며, 오늘날 이스라엘, 팔레스타인, 요르단, 시리아, 레바논, 그리고 유프라테스강 이남의 튀르키예 지역을 아우르는 역사적인 시리아와 일맥상통한다. 이 지역의 특징은 아프리카와 아시아를 잇는 육교 역할을 했다는 것이다. 가장 넓은 역사적 의미에서 본다면, 레반트는 동지중해 일대의 모든 국가와 섬을 포함한다. 이 경우 레반트에 포함되는 지역에는 남유럽의 그리스부터 튀르키예 및 이집트 전부와 리비아의 일부 지역을 포함한다.

'레반트'는 북쪽의 타우러스 산지에서 남쪽의 사해에 이르는 지역으로 길이가 640km에 이른다. 비교적 완만한 경사로 이루어진 해안선은 서남 방향으로 굽어져 이집트로 내려가는 국제도로를 형성하였다. 이 지역은 지형적으로 대단히 복잡한 구조를 보인다. 지형적 복잡성은 아프리카의 북쪽까지 이어지는 거대한 협곡이 이 지역을 지나가고 있어서 형성되었다. 레반트의 복잡한 지형 구조는 남북 방향으로 형성된 네 개의 띠 모양을 한 지형 구조와 동서 방향으로 이루어진 침하구조로 요약할 수 있다.

현재 레반트에서 가장 큰 종교 집단은 이슬람교도이고 가장 큰 인종 집단은 아랍인이다. 이들은 주로 이슬람 이전 아랍어 방언과 헤자지 아랍어가 혼합된 아랍어 방언인 레반트 아랍어를 사용한다. 청동기 시대와 철기 시대에 고대 근동에 거주했던 많은 고대 셈어를 사용했던 민족이 이들의 조상이다. 다른 아랍인으로는 시리아 사막 등에 거주하는 베두인 아랍인이 있으며, 이들은 아라비아반도에서 유래한 베두인 아랍어로 알려진 방언을 사용한다. 레반트의 다른 소수 민족으로는 체르케스인, 체첸인, 투르크인, 유대인, 투르크멘인, 아시리아인, 쿠르드인, 나와르인, 아르메니아인이 있다.

이슬람교는 7세기에 이슬람교도가 레반트 지역을 정복한 이후 이 지역의 주요 종교가 되었다. 레반트 모슬렘의 대다수는 알라위파(Alawite)와 시아(Shia) 소수파를 포함한 수니파이다. 알라위파와 이스마일리 시아파는 주로 하타이와 시리아 해안산맥에 거주하며, 12개 시아파는 레바논 일부에 집중되어 있다. 레반트 기독교 그룹은 많으며 그리스 정교회, 시리아 정교회, 동방 가톨릭, 로마 가톨릭, 네스토리안, 개신교를 포함하여 다양하다. 아르메니아인은 대부분 아르메니아 사도 교회에 속해 있다. 로마 가톨릭을 고수하는 레반트인도 있다. 동방 아시리아 교회와 칼데아 가톨릭교회에 속한 아시리아인들도 있다.

성서 창세기에 의하면 메소포타미아의 하란에 살고 있던 아브람이 아내 사래와 그 조카 롯의 가족과 수하 사람들을 데리고 자기 살던 곳을 떠나 레반트 지역의 가나안 땅으로 이주한다. 창세기 12장의 기록에 의하면 '여호와께서 아브람에게 내가 너로 큰 민족을 이루고 네게 복을 주어 네 이름을 창대케 하리니 너는 복의 근원이 될지라'는 약속의 말씀을 믿고 그대로 좇아갔다고 나온다. 본토를 떠나 가나안으로 이주한 아브람은 현지에 적응하기 위하여 부단히 노력하여 성공한다. 그리고 새 언약을 받고 열국의 아비라는 뜻의 아브라함이라는 새 이름을 얻는다. 그리고 사라로 이름이 바뀐 부인에게서 아들 이삭을 낳는다. 외아들 이삭은 하란에 사는 외사촌의 딸인 리브가를 아내로 맞아 쌍둥이 아들 에서와 야곱을 낳는다. 이들의 후손 이야기가 구약 성경의 대부분을 구성하고 있다.

레반트 지역이 비옥한 지역이라고는 하나 비가 오지 않으면 곡식이 자랄 수 없는 지역이었다. 평소에 황량한 지역에서는 물을 구할 수 있는 우물 즉 오아시스를 중심으로 주민이 거주하였다. 비가 억수로 쏟아질 때는 마른 땅에 개울 즉 하천인 와디(Wadi)가 생기지만 이것이 마르면 물은 지하로 스며들어 지하수가 된다. 이 지하수가 지표 가까이에서 발견되면 사람들은 우물을 파서 식수를 해결하고 그 물로 농사를 짓게 된다. 가나안 땅에 정착한 족장들은 이러한 우물을 삶의 중심으로 삼았다.

13
우물

*아랫글은 필자의 친구인 육원수 목사의 설교 원고를 근간으로 필자가 재구성한 글이다.

지금은 수돗물이 우물물을 대신하고 있지만 마을이 형성된 곳은 반드시 우물이 있었다. 우물이 없는 마을은 상상도 하지 못할 만큼 우물은 인간의 삶에 중요한 위치를 차지했다. 지금으로부터 60~70년 전 어간에 살았던 신촌에서 대여섯 번 이사했는데, 이사 가는 곳마다 집 안 마당에 우물이 있거나 집 근처에 우물이 있었고, 요즈음 청년들은 잘 모르겠지만 두레박에 긴 줄을 매달아 물을 푸던 기억이 난다.

지금처럼 수도(水道)가 집마다 설치되어 있지 않아서 수도 있는 집에서 그때그때 돈 주고 물을 사서 물지게로 지고 오곤 했던 기억이 있다. 정말 호랑이 담배 피우던 시절 이야기이다. 하여튼 우물이란 인간이 생존하는 데 필수적이다. 인간은 물 없이 생존할 수 없다.

사람의 몸을 구성하는 요소의 80% 이상이 물이다. 4대 문명의 발상지도 강을 끼고 문명이 번창했다. 그런데 우리가 생각하는 땅이나 물에 대한 개념과 이스라엘 사람들이 생각하는 개념은 다르다. 그들은 땅은 하나님이 주셨다고 믿어서 성지(聖地)로 믿고, 50년마다 희년이 돌아오면 토지의 원주인에게 돌려준다. 이스라엘은 물이 귀한 곳이기 때문에 물은 구원의 상징이다. 이 지역에는 와디(Wadi)라고 비가 올 때만 물이 흐르고 건기 때는 말라 있는 하천이 있다. 출애굽기 17장 1~7절을 보면, 이스라엘 백성들이 광야에서 물이 없어 고통받고 있을 때 하나님은 반석(盤石)에서 물을 내어 마실 수 있도록 해 주셨다.

우물과 관련된 성경 내용을 살펴 보고자 한다. 먼저 우물은 주님의 뜻이 이루어지는 곳이다. 창세기 24장에 보면 아브라함은 100세에 얻은 아들 이삭의 며느리를 들이기 위해 자신의 늙은 종을 자기의 고향 메소포타미아에 있는 동생 나홀(Nahor)의 집으로 낙타 열 마리와 예물을 지어 보내는 얘기로 시작한다. 늙은 종은 수일을 걸려 나홀의 동네에 도착해서 우물가에 이르게 된다. 우물은 통상 성 밖에 있었고 당시 우물을 긷는 것은 여성의 일상적인 일이었다. 주로 한낮의 더위를 피하여, 아침이나 저녁 선선할 때 물을 긷는다. 그 당시 아브라함의 늙은 종은 오늘날처럼 사진을 갖고 가지도 않고 나홀이 어디에 사는지도 모르는데 우물가에서 우연히 물을 길으러 나온 나홀의 손녀 리브가(Rebekah)를 만나게 된다.

늙은 종이 리브가에게 마실 물을 청했는데 리브가는 늙은 종이 마실 물 뿐만 아니라 같이 여행한 낙타들에게도 물을 준다. 그 종은 그런 사려 깊은 리브가를 하나님이 짝 지워 주신 아브라함의 며느리감으로 보고 가지고 간 패물을 준다. 늙은 종은 이때까지 그 처녀가 아브라함의 동생 나홀의 손녀인지도 모르고서 이삭의 아내로 정한 것이다. 창세기 24장 27절에 하나님의 인도하심으로 리브가를 만나게 되었다고 신앙 고백한다. '여호와께서 길에서 나를 인도하사 내 주인의 동생 집에 이르게 하셨나이다.' 성경 잠언 16장 9절에 '사람이 마음으로 자기의 길을 계획할지라도 그의 걸음을 인도하시는 이는 여호와시니라.' 그렇다. 늙은 종은 마음의 소원과 일의 계획은 인간에게 있을지라도 그것을 이루시는 분은 하나님이심을 고백하고 있다.

창세기 26장 18절에 보면 아브라함의 버려진 우물을 기업으로 받은 이삭의 이야기가 나온다. '그 아버지 아브라함 때에 팠던 우물들을 다시 팠으니 이는 아브라함이 죽은 후에 블레셋 사람이 그 우물을 메웠음이라. 이삭이 그 우물들의 이름을 그의 아버지가 부르던 이름으로 불렀더라.' 아브라함은 재산을 많이 갖고 있었다. 외아들 이삭은 이 재산의 대부분을 상속받았다. 그리고 농사를 지어서 풍성하게 수확하였다. 그의 종들의 수가 심히 많았기 때문에 블레셋 사람들에게 두려움과 시기의 대상이 되었다. 그들은 이삭이 사용하던 우물들을 막아서 그의 일행을 쫓아 버리려고 하였다. 이 당시 블레셋 민족의 대부분은 크레테 섬에 살고 있었고, 가나안 땅에는 일부만이 정착해 있었다. 그들의 집단적인 이주는 수 세기가 지난 후에야 이루어졌다. 따라서 가나안에 미리 정착했던 사람들의 세력이 그다지 크지 않았을 것이다. 강우량이 많지 않은 지역에서는 예로부터 우물이나 샘물의 소유권을 둘러싼 싸움이 잦았다. 이 다툼은 피를 흘리는 싸움으로 확대되기도 했다. 이삭이 장소를 옮긴 것도 이와 같은 충돌을 피하기 위한 것이었다. 블레셋 사람들이 아브라함의 우물들을 메웠지만 이삭은 그 우물들을 파서 아버지가 불렀던 이름을 붙여 사용하고 이어서 블레셋 사람들이 메우면 이삭은 다른 곳의 우물을 파서 사용하였다. 블레셋 사람들이 메우는 과정을 여러 차례 반복해도 서로 다투지 않게 되고 이삭은 우물로 인한 분쟁을 피하고 참고 인내한 후에 농경지 확장으로 번성의 축복을 누리게 된다.

잠언 16장 32절에 보면 '노하기를 더디 하는 자는 용사보다 낫고 자기의 마음을 다스리는 자는 성을 빼앗는 자보다 나으니라.' 이 잠언의 말씀이 이삭에게 정확히 적용됨을 보게 된다. 우물을 메우는 블레셋의 도발에 참고 인내함으로 다툼을 통해서 얻는 것보다 더 큰 유익을 취할 수 있다. 아브라함의 상속자인 이삭은 아버지가 파고 블레셋에 의해 메워진 우물들을 다시 파고 그 우물의 이름도 아버지가 지은 이름을 사용하고 나중에는 결국 자신의 판단으로 우물을 파서 경작지를 넓게 하고 크게 번성을 이루게 된다. 부모의 소유를 소중히 생각하고 이어받은 것 이상으로 번성하게 되는 이삭의 지혜가 돋보이는 장면이다.

신약성경 요한복음 4장 14절에는 수가성 우물과 예수님 이야기가 나온다. '내가 주는 물을 마시는 자는 영원히 목마르지 아니하리니 내가 주는 물은 그 속에서 영생하도록 솟아나는 샘물이 되리라.' 예수님은 사마리아 지방에 들어가서 우물가에서 한 여인과 대화하면서, 영생과 참된 예배의 의미와 자신이 바로 메시아임을 밝히고 있다. 예수님은 우물에서 길은 물과 자신이 주는 생수를 대조시켜, 우물의 물은 반복되는 갈증을 막을 수 없고 육신의 만족만을 채울 수 있을 뿐이지만, 자신이 주는 생수는 영혼을 소생시켜서 영속적이고 참된 만족을 준다고 말씀하고 있다.

　우물이 인간의 생존에 필수적이듯이 예수님에 대한 믿음은 구원의 삶에 이르는 영적 우물이다. 우물이 우리 인간의 생명을 존속하게 하고 우리 삶의 거처에 함께 하듯이, 예수님은 임마누엘 하나님으로 믿는 우리 심령에 함께 하셔서 우리의 삶을 주관하고 있다. 히브리서 11장 6절에 '믿음이 없이는 하나님을 기쁘시게 하지 못하나니 하나님께 나아가는 자는 반드시 그가 계신 것과 또한 그가 자기를 찾는 자들에게는 상 주시는 이심을 믿어야 할지니라.'

　우물의 물은 매일 마셔야 한다. 우물에서 물을 길지 않으면 그 사람은 물을 먹을 수 없다. 우리가 육체의 생명을 유지하기 위해서는 우물에서 물을 퍼야 한다. 마찬가지로 믿음으로 영적인 생명의 삶을 살기 위해서는 기도하고, 말씀을 가까이해야 한다. 성도의 우물은 예수 그리스도이며 주님의 몸인 교회이다. 성도들이 교회라는 우물에 물을 길으러 나오면 복음을 듣고 서로 합력하여 기도하게 된다. 교회라는 신앙과 정보의 우물에 나와 물을 긷듯이 믿음의 소식들을 접하고 영적 능력을 충전하게 된다. 요한복음 1장 12절에서 '영접하는 자 곧 그 이름을 믿는 자들에게는 하나님의 자녀가 되는 권세를 주셨으니.' 그렇다. 우리는 하나님을 믿고 예수님을 그의 아들로 믿는 순간 영권(靈權)을 갖게 된다. 고인 물은 썩지만 흐르는 물은 생수이다. 우물의 물을 두레박으로 퍼서 쓰지 않으면 얼마 가지 못해 이끼가 끼고 썩게 된다. 우리가 참된 기쁨, 참 행복, 참 만족을 얻으려면 구원의 우물을 내 마음에 파야 한다. 늘 기도하며 말씀대로 살아감으로 마음의 우물물을 퍼야 한다.

　우물은 나누어 마셔야 한다. 구약 성경 이사야 12장 4절에 '여호와께 감사하라'고 한다. 구원받은 사람이 하는 최초의 언어는 감사이다. 신앙인으로 입문한 사람이 처음으로 배우는 말이 감사하다는 것이다. 이런 일화가 있다. 물에 빠져 허우적거리는 사람을 건져 주었는데, 정신을 차린 그가 자신을 구해준 사람에게 맨 먼저 할 말이 무엇일까? '여보시오, 당신 몇 살입니까? 어디 사십니까? 무엇을 하는 사람입니까?' 이렇게 묻는 사람은 아마 없을 것이다. 첫마디가 '감사합니다'이다. 이사야 12장 4절에서 감사의 대상이 누구인지 가르쳐 주고 있다. '그의 이름을 부르며'라고 되어 있다. 바로 하나님의 이름이다. 곧 주의 이름이다. 다른 이름을 부르며 감사하면 안 된다. 나에게 구원의 기쁨을 주신 하나님을 부르며 하나님께 감사를 드려야 한다.

다음에 내가 감사하고 있다는 사실과 내용을 만국 중에 선포해야 한다. 구약 이사야 12장 5절에 '온 땅에 알게 할지어다'라고 했다. 세상의 우물들은 많은 사람이 퍼 가면 마를 수 있다. 그러나 하나님이 베푸는 구원의 우물은 수많은 사람이 퍼 가더라도 동이 나지 않는다. 이는 퍼갈수록 펑펑 쏟아져 나오는 생명수다.

14
헬몬산과 요단강

'헬몬의 이슬이 시온의 산들에 내림 같도다. 거기서 여호와께서 복을 명하셨나니 곧 영생이라.' (시편 133편 3절)

헬몬산(Mt. Hermon)은 이스라엘의 최고봉으로 높이가 2,814m 이다. 우리나라의 백두산과 같은 존재이다. 헬몬산이 높이 융기 되면서 동반적으로 주변에는 분지 등과 같은 낮은 지역이 생겼 다. 헬몬산이 있는 지역을 골란고원 혹은 바산이라고 부른다. 아 마 우리나라 백두산 근처에 개마고원이 있듯이. '평평한 땅'이라 는 의미의 '바산'은 그 명칭 자체가 암시하듯이 산지의 정상이 평 평하게 이루어진 고원지대이다. 산지의 평균 높이는 600m 정도

이며 북쪽과 동쪽으로 갈수록 지대가 높아지고, 남쪽과 서쪽으로 갈수록 낮아진다. 이런 지형 조건 때문에 지중해로부터 불어오는 비바람의 영향을 받아 바산은 강우량이 높은 지역이 된다. 그 결과로 바산 지역과 연결된 사막은 다른 지역과 달리 동쪽으로 훨씬 들어간 곳에서 시작된다.

바산의 동쪽 경계를 이루고 있는 높은 산지는 사막에서 불어오는 열풍을 막아 주어 농작물 재배에 피해를 줄여 준다. 이런 요인과 현무암이 두터운 이 지역의 비옥한 토지로 인하여 바산은 고대로부터 레반트 지역에서 유명한 곡창지대였다. 특히 바산의 밀 농사는 로마제국 내에서 널리 알려져 있었고, 시편 22편 12절의 '바산의 힘센 소들'이라든지 아모스 4장 1절의 '바산 암소들'이라는 성서의 표현에서 볼 수 있듯이 바산은 목축지로도 유명하였다. 오늘날에도 바산에서는 소들을 대량으로 방목하는 모습을 쉽게 볼 수가 있다.

헬몬산 지역에서 연간 약 1,500mm 이상의 강우량은 대부분 눈으로 내린다. 겨울 동안 내린 눈은 이른 여름철까지도 녹지 않고 쌓여 있다가 여름이 되면서 서서히 녹게 되는데 그렇게 녹은 물은 지표면 아래로 스며들어 헬몬산 주변의 샘들을 통하여 분출된다. 이러한 물은 동서남북으로 흘러 나가게 되는데, 남쪽으로 흐르면 이 샘들이 요단강의 수원지가 된다. 역사적으로 헬몬산은 이스라엘의 북쪽 경계를 이룬다. 모세나 여호수아에게 있어서 헬몬산은 정복해야 할 가나안의 최북단 지역이었다. 헬몬산 주변의 우거진 숲들, 산기슭에 있는 여러 수원(水原), 눈으로 덮여 있는 정상의 모습 등은 고대 시대부터 사람들에게 신앙적인 경외심을 일으키기에 충분했다. 성경에서 헬몬산과 주변의 장소들이 자주 언급되고 있는 이유도 아마 그럴 것이다. 통일 왕국의 분열 후 북쪽 이스라엘 왕국의 여로보암 시대에 거대한 신전이 세워진 '단(Dan)'이나 헤롯 시대에 로마 황제 숭배 신전이 있었던 '가이사랴 빌립보(Caesarea Philippi)' 등이 모두 헬몬산 기슭에 있다.

이스라엘에서 가장 크고 긴 강인 요단강은 헬몬산 기슭에서 발원하는 세 개의 강이 모여서 이루어진다. 세 강의 이름은 '나할 헬몬', '나할 단', '나할 스닐'이다. 훌레 계곡의 북동쪽에 있는 헬몬산 기슭에서 발원하여 흐르는 '나할 헬몬'은 헬몬산 기슭의 바위들 사이를 뚫고 나오는 거대한 샘에서 시작된다. '나할 헬몬'의 주변에는 물가에서 자라는 나무들로 거대한 숲을 이루고 있다. 헬라 시대 이곳에 '판'이라는 자연신을 숭배하는 신전이 세워졌었는데, 이런 연고로 현재 이곳을 '바니아스'라고 부른다. 신약시대 이 지역에 '가이사랴 빌립보'가 있었다. 좁은 협곡을 따라 흐르는 나할 헬몬은 경사가 급한 지역에서는 폭포를 이룬다. 이 강은 남서 방향으로 흐르면서 '나할 단'을 만나고 다시 '나할 스닐'을 만나게 된다. '나할 단'은 수정같이 맑은 샘물이 모여서 흐르는 하천으로서 이 물은 눈이 녹아 내려온 것이어서 한 여름철에도 차가움을 유지하고 있다. '나할 스닐'은 큰 규모의 샘물에서 시작되는 앞의 두 강과 다르게 지표면의 물줄기다. '나할 스닐'은 여름철에 유량이 급격히 줄어들며 겨울철 우기에는 갑작스러운 빗물의 유입으로 홍수가 나기도 한다.

요단강은 갈릴리 호수를 가운데 두고 상부 요단강과 하부 요단강으로 나눌 수 있다. 강물이 발원하는 헬몬산 기슭에서 훌레 호수를 거쳐 갈릴리 호수까지 이르는 상부 요단강은 그 길이가 약 90km이다. 그리고 갈릴리 호수에서 사해까지 이르는 하부 요단강의 길이는 약 320km가 된다. 보통 요단강이라 하면 하부 요단강을 일컫고 있다. 요단강은 갈릴리 호수와 사해 사이인 요단강 계곡을 흘러간다. 결국 요단강은 세계에서 가장 낮은 지역을 흐르는 강인 셈이다. 요단강의 직선 길이는 105km 정도이지만 요단강의 실제 길이는 무려 320km나 된다. 요단강이 굴곡이 심한 지역을 흐르면서 사행천(蛇行川)을 이루고 있다. 요단강 계곡은 여러 지질시대의 융기 현상이 있을 때마다 심한 침식 작용이 있었고, 그로 인하여 계곡 내에 계단 형태의 독특한 지형이 형성되었다. 이러한 지질 현상은 요단강 강바닥을 중심으로 양편 지역에 고르(Ghor), 갓다라(Quattara), 조르(Jhor) 라고 하는 세 가지 지형적 구조를 만들었다.

고르는 요단강 계곡 주변의 양쪽 산지에서 강 쪽으로 형성된 넓고 평평한 지역이다. 산지로부터 물 공급이 가능한 고르 지역에서는 농작물 재배가 가능하며 목축을 위한 초지도 형성되어 있다. 요단강 계곡에 있는 중요 거주지들은 고르 지역을 중심으로 형성되어 있다. 벧산 근처와 여리고 근처의 고르 지역은 이 지역을 흐르고 있는 수원을 이용하여 옛날부터 훌륭한 농경지를 만들었다. 물 공급이 원활하지 못한 다른 고르 지역들은 건조하고 황량한 모습을 띠고 있다. 고르 지역보다 한 단계 낮은 지역인 '갓다라'는 '계단'이라는 의미의 아랍어에서 파생되었다. '갓다라'는 사막처럼 건조한 지역이며 대부분이 울퉁불퉁한 형태를 취하고 있다. 이 지역에서 농작물 재배는 거의 불가능하다.

조르는 요단강 계곡에서 가장 낮은 지역으로 요단강과 직접 연결되어 있다. 요단강은 조르 지역을 흐르는 강이라고 볼 수 있다. 요단강의 충분한 수분과 요단강 계곡의 아열대성 기후로 인하여 조르 지역에는 울창한 삼림이 형성되어 있고, 각종 야생동물이 서식하고 있다. 요르단의 메다바에서 발견된 고대 이스라엘의 모자이크 지도에서도 배회하는 사자의 모습이 요단강 계곡 안에 그려져 있다. 조르 지역은 겨울철과 봄철의 우기에 자주 범람하는 지역이다. 성경 여호수아 3장 15절에 이스라엘 백성들이 요단강을 건널 때가 '모맥 거두는 시기'인데 이때는 요단강 언덕에 물이 넘친다고 하였다. 이는 조르 지역으로 넘쳐흐르는 요단강의 범람을 지적한 것이다.

요단강 계곡에 거주하였던 사람들이 서로 가까운 지역 안에 살면서도 요단강을 중심으로 양쪽으로 나뉘어져 있었던 것은 요단강 주변에 형성된 갓다라와 조르 지역 때문이었다. 요단강은 전체 길이가 긴 강이지만 폭은 그리 넓지 않다. 따라서 강을 건너는 일은 우기가 아닌 경우 별로 어렵지 않다. 이러한 사실은 구약성서 열왕기하 5장에 나아만 장군이 다메섹 주변의 강에 비하여 요단강을 혹평하는 이야기에서도 볼 수 있다. 그러나 요단강 지역을 통과하기 어려웠던 이유는 전적으로 요단강 주변의 삼림지대인 조르와 지형이 험하고 건조한 갓다라 지역 때문이었다.

요단강이 요단강 계곡을 통과할 때 양편 산지에서 요단강으로 유입되는 물줄기로 여러 개의 강이 있다. 그중에서 중요한 강들은 서쪽의 하롯강, 파라강, 와디 켈트와 동쪽의 야르묵강, 얍복강 등이다. 하롯강(Nahal Harod)은 사사 기드온(Gideon)이 미디안 족속을 맞아 싸우기 위하여 진을 쳤던 하롯 샘에서 발원하는 강이다. 이 강은 길보아 산 밑의 긴 통로인 동부 이스르엘 골짜기를 거쳐 요단강으로 유입되는데, 이 지역의 중심도시로 유명한 벧산(Beth Shan)을 거친다. 파라강(Nahal Fara)은 동부 사마리아 산지에서 발원하여 요단강으로 유입되는 상시천(常時川)이다. 파라강의 수원지는 세겜의 북쪽에 있는 두 샘이다. 와디 켈트(Wadi Qilt)는 유대 광야를 흐르는 물줄기로서 예루살렘의 북쪽에서 발원하여 여리고 근처에서 요단강으로 유입된다. 아르묵강(Nahal Yarmuk)은 요단강 동편 지역에서 가장 규모가 큰 강으로 바산 지역의 샘들에서 발원하여 골란고원과 길르앗 산지 사이를 갈라놓는 좁은 계곡을 따라 흘러서 갈릴리 호수 남쪽에서 요단강으로 유입되고 있다. 현재는 시리아, 요르단, 이스라엘 세 나라의 국경이 마주하고 있는 지역이다.

얍복강(Nahal Yabbok)은 요단강 동편 지역인 길르앗 산지를 가로질러 요단강으로 유입되는 강이다. 이 강은 800m 높이의 산지에서 해저 300m의 요단강 계곡으로 상당한 높이 차이가 있는 지역을 흐르고 있다. 이 강이 흐르는 계곡은 고대로부터 요단강 동편에서 서쪽의 사마리아로 올라가는 중요한 도로가 형성되어 있었다. 야곱도 외가가 있는 메소포타미아에서 가나안땅으로 들어올 때 이 강이 흐르던 계곡을 따라 여행하였다. 야곱은 자기의 쌍둥이 형 에서를 만나기 전에 이곳 얍복강 강가에서 천사와 씨름하는 기도를 통하여 '이스라엘'이라는 새로운 이름을 얻었다. 창세기 32장 22~33절에 나오는 이야기이다.

우리가 기독교 장례식에서 가끔 듣는 한영찬송가 291장의 후렴 중에 '요단강 건너가 만나리'라고 있다. 우리가 죽은 후에 천국 갈 때 요단강을 건넌다는 성경 구절은 없다고 한다. 다만 이스라엘 백성들이 여호수아의 인도 아래 요단강을 건너 약속의 가나안 땅으로 들어가는 광경을 그 자리에서 생각해 보자는 다짐일 것이다. 이는 외가에 가서 일가를 이루고 난 후 그 식솔들을 이끌고 고향으로 돌아오는 야곱의 심정을 이해해 보자는 취지도 된다고 생각해 본다.

헬몬산에 맺힌 이슬이 모여 물줄기가 되어 요단강으로 들어오고 요단강 계곡을 따라 흐른 후에 사해에 유입된다. 사해 이후에 물이 빠지는 구멍은 없다고 알려져 있다. 요단강의 물은 건조하고 더운 지방을 흐르는 도중에 증발하거나, 결국 사해로 들어가게 되어 있다. 사해는 땅속의 소금 성분이 축적되어 염해가 되고, 생물이 살 수 없는 죽은 호수 즉, 사해(Dead Sea)가 된다. 이는 비가 거의 내리지 않아 죽음의 계곡(Death Valley)으로 변해버리는 캘리포니아주의 어느 지역과 '죽음'이라는 말을 공유하게 되는 까닭이다. 케이블카를 타고 마사다에 올라가면서 사해 부분을 내려다보면, 이 지역이 얼마나 황량한 땅인가를 알 수 있다.

그러나 현대인은 기술을 이용하여 그 죽음의 땅을 삶의 현장으로 바꾸어 놓았다. 미국의 경우 로키산맥의 얼음이 녹은 물을 관개시설을 설치하고 끌어와서 각 도시의 식수원으로 쓸 뿐 아니라 캘리포니아 계곡에 과수원을 만들고 각종 채소와 쌀 들을 생산해 내는 커다란 농장 지대를 조성하였다. 사막으로 불모지였던 애리조나(Arizona)주 등에 라스베가스(Las Vegas) 같은 도시를 새로 건설하고 항공산업과 영화산업을 일으켜서 사람들을 이주시켰다. 이스라엘에서도 요단강 물을 끌어오는 관개시설을 건설하여 요단강 주변과 그 아래인 네게브 사막지대에 농지를 확대하고, 사해 주변에는 관광 산업뿐만 아니라 해변의 뻘을 활용하는 제품을 만들어 관광객들에게 판매하고 있었다.

15
갈릴리 호수

　　　　골란고원(바산)과 하부 갈릴리 산지로 둘러싸여 있는 갈릴리 호수는 이스라엘에서 가장 큰 자연 담수호(潭水湖)이다. 갈릴리 호수는 구약과 신약성경 모두에 등장한다. 구약 성경에는 킨네렛(Kinneret) 바다로 나오고, 신약성경에는 갈릴리(Galilee) 바다, 디베랴(Tiberias) 바다, 게노사렛(Gennosaret) 바다 등으로 기록되어 있다. 이곳은 일반 바다가 아닌 호수임에도 불구하고 종종 바다라는 명칭이 붙는다. 이는 이스라엘에서의 바다 개념이 우리가 알고 있는 일반적인 바다와 다르기 때문이다. 바다라고 번역된 히브리어는 바다와 호수의 구분 없이 많은 양의 물이 모여 있는 곳을 의미한다. 그런 이유로 열왕기상 7장 23

절에서 솔로몬이 지은 성전 뜰에 있었던 물두멍을 '바다'라고 호칭했다. 갈릴리 호수는 둘레가 약 53km이고, 남북으로 최대 길이가 21km, 동서로 최대 길이가 11km이다. 헬몬산에서 발원한 물이 북쪽에서 흘러 들어와서 남쪽으로 빠져 요르단강을 통해 사해로 간다. 해수면으로부터 약 209m 아래에 있으며 수심은 평균 약 26m, 가장 깊은 데는 43m나 된다. 현재는 이스라엘 아래에 있는 네게브 사막의 관개용수원이 되고 있으므로 대아랍 분규의 한 쟁점이 되고 있다. 이 그림은 갈릴리 호수의 모양과

그 주변의 주요 지점의 위치를 보인다.

갈릴리 호수는 예수 시대에 예수 사역의 중심지였다. 예수가 유년기와 청년기를 보낸 나사렛이 이 근처에 있었고 예수의 초기 제자들이 대부분 이 지방의 어부들이었다. 예수의 공적인 활동이 시작된 곳이 갈릴리 호수 근방이었고, 여러 가지 크고 작은 기적들과 병 고치는 은사와 말씀의 선포가 이 지역에서 주로 일어났다. 그중에서도 갈릴리 호수의 북쪽에 있는 마을인 '나훔의 동네'라는 의미의 가버나움(Capernaum)이 유명하다. 가버나움에서 발견되는 유물 중에서 AD 3세기 초엽에 지었다고 추정되는 회당 건물이 유명한데, 그 회당 건물 아래에서 더 오래된 회당 건물의 바닥이 발견되었다. 이 밑의 초기 회당이 예수가 가버나움에서 사람들을 가르쳤던 회당일 것이라고 보고 있다. 또한 회당과 호숫가 사이에서 비잔틴 시대의 팔각형 교회 건물터가 발견되었다. 이 교회는 베드로의 집터 위에 세워진 기념교회로 예수가 중풍 걸린 자를 고쳐 준 곳으로 기록되어 있다. 현재에도 이 지역에는 유물전시장과 기념교회가 많이 존재하고 있다.

갈릴리 호수의 북동쪽에 있는 작은 어촌이었던 벳세다(Bethsaida)는 제자 빌립과 안드레와 베드로의 고향이었다. 예수께서 벳세다 근처에서 눈먼 사람을 고쳐 준 적이 있었는데, 후에 벳세다 사람들의 불신앙을 크게 책망하였다. 예수께서 보리떡 다섯 개와 물고기 두 마리로 오천 명을 먹인 오병이어의 기적을 베푼 빈들도 이 근처라고 전해진다. 고라신(Korazin)은 가버나움에서 산 위쪽으로 약 5km 떨어진 곳에 있었다. 로마 시대에 이곳은 크게 번성했던 유대인 도시였는데, 이곳에서도 예수는 많은 기적을 행하였으나 이곳 사람들은 회개하지 않았으며, 이러한 불신앙을 예수는 마태복음 11장 20~21절에서 크게 책망하였다.

갈릴리 호수 서쪽에 있는 티베리아는 AD 18~22년 사이에 건설되었다. 이 도시를 건설한 헤롯 안티파스는 당시 로마 황제 이름을 따서 도시 이름을 정하였다. 안티파스는 유명한 온천이 있었던 이곳에 새 도시를 건설한 후 갈릴리 지방과 베뢰아 지방의 행정적 수도를 치포리에서 이곳으로 옮겼다. 일설에 의하면 이 도시가 유대인의 공동묘지 위에 세워졌는데, 유대인들이 이곳을 부정한 도시라고 여겨 이주하려 하지 않아서 대신 가난한 소작인. 풀려난 노예들, 퇴임한 군인들을 강제로 이주시켜 이곳에 살게 했다고 한다. AD 2세기 초에 있었던 유대인들의 로마를 향한 두 번째 항쟁 이후에 티베리아가 유대인들의 중심지가 되었다. 그 뒤 이곳에서 탈무드가 완성되고 구약성서의 히브리어 본문이 필사되었다고 한다.

새로운 세상이 열리리라는 기대로 예수를 따라 예루살렘에 따라갔던 베드로 일행은 거기서 예수를 잃고 실의에 빠져 갈릴리 지방으로 내려와서 다시 본업인 어부로 돌아갔다. 요한복음 21장에 의하면 부활하여 갈릴리 호수에 나타난 예수께서 시몬 베드로에게 이르시되 요한의 아들 시몬아 네가 이 사람들보다 나를 더 사랑하느냐 하시니 가로되 주여 그러하외다 내가 주를 사랑하는 줄 주께서 아시나이다 가라사대 내 어린 양을 먹이라 하시고 또 두 번째 가라사대 요한의 아들 시몬아 네가 나를 사랑하느냐 하시니 가로되 주여 그러하외다 내가 주를 사랑하는 줄 주께서 아시나이다 가라사대 내 어린 양을 치라 하시고 세 번째 가라사대 요한의 아들 시몬아 네가 나를 사랑하느냐 하시니 주께서 세 번째 네가 나를 사랑하느냐 하시므로 베드로가 근심하여 가로되 주여 모든 것을 아시오매 내가 주를 사랑하는 줄을 주께서 아시나이다. 예수께서 가라사대 내 양을 먹이라. 내가 진실로 진실로 네게 이르노니 젊어서는 네가 스스로 띠 띠고 원하는 곳으로 다녔거니와 늙어서는 네 팔을 벌리리니 남이 네게 띠 띠우고 원치 아니하는 곳으로 데려가리라.

이 사건을 예수가 베드로에게 수임한 것으로 사람들은 보고 있다. 세 번씩이나 비슷한 예수의 질문에 답하는 베드로는 가이사랴 빌립보에서 예수를 '그리스도시며 살아계신 하나님의 아들'

이라고 고백한 사실과 예루살렘에서 세 번씩이나 예수를 부인했던 생각이 났겠으나, 여기서 예수의 다짐에 완전한 백기를 들고 평생을 예수 선교에 헌신하게 된다.

16
사해

사해(死海, Dead Sea)는 유대 광야의 낭떠러지 부근에 있는 호수이다. 사해는 남북 방향으로 67km, 동서 방향으로 18km인 완전히 폐쇄된 바다이다. 이스라엘, 팔레스타인, 요르단의 국경과 접하고 있다. 해수면은 해저 약 430m이며 지구상에서 지표로부터 가장 낮은 곳이다. 사해에서 가장 깊은 곳은 약 400m나 된다. 히브리어로 사해는 소금 바다를 뜻하며, 성서에는 '아라바 바다', '동해' 등으로 적혀 있다. 사해의 남쪽 서편에 로마 시대 난공불락의 요새였던 마사다가 있다. 매일 많은 물이 요르단강으로부터 사해로 들어오고 나가는 곳이 없지만, 넘치지 않고 일정한 수위를 유지한다. 이는 연중 기온 변화가 별로

없이 고온이 계속되는 곳이다 보니 들어오는 양만큼의 물이 계속 증발하기 때문이다.

사해는 유대 사막인 고원지대와 높이차가 800m에 이른다. 사해는 지구의 여러 판 중에서 아라비아판과 아프리카판이 만나는 지점에 있는데, 두 개의 판은 이 지점에서 서로 벌어지면서 북쪽으로 밀려 올라갔는데 아라비아판이 아프리카판보다 더 빠르게 위로 밀려 올라갔다. 그 결과 아카바만에서 터키 사이에 큰 단층이 형성됐다. 이를 사해 단층(Dead Sea Fault)이라 하며 지금부터 1,700만 년 전에 형성되었다고 한다. 이 지역에서 지진이 일어나는 것은 이 단층에 기인한다. 사해는 이 두 개의 판이 밀려 올라가는 과정에서 주변 지형보다 균열이 더 깊게 파이게 되면서 형성되었다. 오늘날 아라비아판과 아프리카판은 상대적으로 1년에 4~8mm 정도 움직인다고 관측된다.

사해의 물은 기본적으로 지중해에서 유입된 바닷물이다. 400만 년 전 지구 온난화로 기후 대변동을 겪으면서 지중해의 해수면이 상승했는데 이 과정에서 바닷물이 지중해에서 흘러들며 호수가 형성됐다. 지금으로부터 7만 년 전 빙하기가 도래하면서 물이 더 이상 흘러들지 않게 됐고 이로써 현재의 사해보다 긴 225km 길이의 거대한 호수가 형성됐다. 세월이 흐르면서 이 지역의 무더운 기후와 함께 호수의 물은 증발하기 시작했다. 호수 면이 차츰 낮아지면서 지중해 해수면보다 낮아지기에 이르렀고 증발이 계속되면서 거대한 호수는 북쪽의 갈릴리 호수와 남쪽의 사해로 나뉘게 됐다. 이 두 호수는 요단강으로 연결되어 있다.

  사해의 수온은 약 28도 정도로 따뜻하다. 부력이 높아 저절로 몸이 뜨기 때문에 수영에 익숙하지 않은 사람도 안심이다. 조그만 배 위에 누워서 책을 읽고 있는 관광객의 사진이 있을 정도이다. 사해는 소금 함유량이 높은 만큼 독성도 강하다. 해수욕장 관리가 철저히 이루어지고 있다. 호숫물을 많이 삼키게 되면 위험하고, 물에 들어갔다가 나온 후에는 담수로 몸을 반드시 씻어야 한다. 사해에는 물고기가 살지 않는다. 칼슘과 마그네슘 함유량이 많아서 생물이 살기 어려운 환경이다. 그래도 사해의 물에는 박테리아와 몇몇 다세포 생물이 현미경으로 관찰된다.

  지표면의 모든 암석은 소금 성분을 함유하고 있다. 빗물은 하천을 통하여 암석에 포함된 무기염을 바다로 흘려보낸다. 흘러 들어간 소금은 바다 밑으로 퇴적되기 때문에 바다의 염도가 계속해서 높아지진 않는다. 사해의 염도는 34.2%다. 일반 바닷물의 10배 정도나 된다. 사해의 소금 함유량이 높은 이유로 사해가 닫힌 바다라는 사실과 이 지역의 더운 기후를 꼽는다.

고대부터 사해의 광물 성분은 다양한 질병에 효험이 있다고 알려져 있다. 사해에는 소금이 물속에만 있지 않다. 사해에는 응고된 소금 덩어리가 있는데 소금층은 두껍고 단단하며 날카로워서 신발을 신고 다녀야 한다. 소금은 각종 기이한 장관을 연출한다. 구약 성경 창세기 19장에는 소돔과 고모라의 소금기둥이라고 묘사되고 있다. 오늘날 사해 주변에는 소금과 침전물로 이뤄진 거대한 절벽과 동굴이 있다. 소금 동굴 안으로 들어가면 지금으로부터 300만 년 전에 있었던 소금이 있는데 굉장히 투명해서 맨눈으로도 건너편이 잘 보인다고 한다. 더 안으로 들어가면 굴뚝 같은 게 보이는데 천정이 빗물로 인해 뚫려 생긴 것이다. 빗물이 지면으로 침투하며 그 자리에 있던 소금을 녹였고, 녹은 소금은 여러 통로를 통해 사해까지 운반되었다.

사해 소금의 효용가치는 높다. 매년 수천 명의 관광객들이 진흙(머드) 목욕을 하러 사해를 찾는데 사해의 진흙은 화장품 원료로 쓰여 외국으로 수출된다. 사해 소금은 비료, 불을 끌 때 쓰는 소화제나, 제약산업에 사용된다. 추출된 마그네슘은 금속 그 자체나 합금 재료로 사용된다. 마그네슘 합금으로 만들어진 금속은 가볍고 강해서 항공, 자동차 산업에 이용된다. 물의 깊이가 가장 얕은 분지 남쪽에서는 이스라엘 쪽이나 요르단 지역 할 것 없이 대규모로 소금 채굴이 이루어지고 있다. 채굴의 목적은 식용 소금 생산이 아니라, 비료 생산을 위한 카날라이트라는 가성 칼륨 물질이다. 이스라엘과 요르단은 세계 8대 가성 칼륨 생산국이다. 다른 국가들은 지하 광산에서 채굴되는 반면, 이곳에서는 바다에서 직접 채굴한다. 또한 사해 부근에는 천연가스가 매장된 것이 확인되어, 향후 천연가스 개발이 계획되고 있다.

반건조 지역인 요단강은 요르단의 최대 담수원이다. 요단강 유역은 특히 요르단에 있어서 특히 중요한 지역이다. 요르단 인구의 75%가 이곳에 집중되어 있고 농업도 이 지역에서 생산된다. 문제는 이곳에서 생산되는 농산물이 많은 물을 소비한다는 점이다. 시설의 부족으로 낭비되는 물도 발생하고 있다. 최근엔 물 부족에 따라 농업인들이 생산 방식을 바꾸었고 오늘날에는 물을 절약하는 방식이나 온실 재배를 하는 경우가 늘고 있다. 이처럼 사해의 물을 과도하게 이용하고 있어서 몇십 년 전까지만 해도 거대한 호수를 이루었던 사해는 현재 두 부위로 나뉘어 있다. 북부는 넓고 수심이 깊으나 남부는 소금 생산을 위한 염전이 조성되어 있다. 사해가 이렇게 두 구역으로 나뉘게 된 건 해수면 하강 때문인데, 최근에는 매년 1m씩 해수면이 낮아지고 있어 우려스러운 상황이다. 사해에 있는 관광단지는 몇 년 전까지만 해도 해수면 바로 앞에 있었지만, 사해가 계속 축소되어 지금은 2km의 거리를 버스를 타고 이동해야 하며 계속 거리가 벌어지고 있다고 한다.

사해의 해수면이 낮아지는 것은 위성사진을 통해 확인할 수 있다. 해수면의 하강은 사해에서의 작업뿐만 아니라 1948년 이스라엘 건국 이후 요단강 상류에 대규모 관개 사업 시행이 주요 원인이다. 이스라엘은 1950년대 토지를 관개하고, 4개 사막에 물을 공급할 목적으로 갈릴리 호수에 댐과 운하를 건설했다. 이와 동시에 이웃 국가인 요르단도 요단강의 주요 지류에 운하를 건설하기 시작했다. 여기에 농업 인구 증가가 이루어지며 해수면 하강은 가속화됐다. 요단강 주변에 증가한 인구를 수용하기 위해 요르단 정부도 여러 개의 댐을 세웠다. 이스라엘도 역시 댐을 건설해 나갔다. 이처럼 요단강 상류와 하류에서 물을 과도하게 사용하면서 아무 조치도 취하지 않으면 50년 이내에 사해가 사라질지도 모른다. 요단강으로부터 취수량을 줄이면 사해 해수면의 하강을 늦출 수 있다. 사해 해수면이 낮아지면 주변 토지에도 영향을 미쳐서 대책 마련이 필요하다. 물 부족에 시달리는 이 지역에서는 상당히 큰 문제이다.

해수면 하강으로 인해 대두된 다른 문제가 있다. 사해 연안 곳곳에 지면이 꺼지는 싱크홀이 형성되고 있다. 20년 전엔 사해였던 곳이 해수면이 낮아져 빗물이 이곳의 소금을 녹이면서 싱크홀이 생겼다고 추정된다. 이 현상은 이스라엘 지역 경제에도 상당한 영향을 미치고 있다. 1990년대 들어서 싱크홀의 형성으로 캠핑장, 야자밭, 해수욕장의 상당수가 폐쇄되었다. 그 해결책으로 아카바만에 있는 홍해의 물을 사해로 끌어오는 운하를 계획하고 건설을 실행하고 있다. 요르단과 이스라엘이 심사숙고해서 실시하는 이 프로젝트의 목적은 사해의 해수면 하강을 막고 경제적, 사회적 문제를 해결하는 것이다. 물의 일부를 요르단과 팔레스타인 주민들에게 용수로 공급하고 나머지는 사해로 유입시키려고 한다. 유럽과 일본을 비롯한 다른 나라들도 건설 비용을 지원하고 있다. 이 프로젝트 실행으로 이스라엘과 요르단은 전쟁을 치르던 관계였으나, 양국이 협력하게 되었다.

사해에는 들어오는 곳은 있으나 빠져나가는 곳이 없다. 사해의 북쪽에서 서쪽으로 가면 고원지대에 예루살렘이 나온다. 그 예루살렘 옛 성에 출입하는 문이 여럿 있는데, 영어로 Dung Gate, 한자어로 분문(糞門)이라는 출입구가 있다. 옛날에 예루살렘 성내의 쓰레기나 오물, 분뇨 등을 성 밖으로 반출하여 기드론 골짜기에 버리기 위해 이용하는 성문이다. 힌놈의 골짜기로 통하는 예루살렘 남쪽에 있는 문으로 오늘날 통곡의 벽 근처에 있다. 우리의 옛 한양 도성에서는 청계천을 조성하여 그 역할을 하도록 하였다. 시신을 도성 밖으로 내가는 문이 있었는데 서소문(西小門)과 함께 지금의 동대문 아래에 있는 광희문(光熙門)이 있었다. 일명 시구문(屍軀門) 또는 수구문(水口門)이라고도 하였다. 동쪽의 시구문을 나온 장례 행렬은 요즈음의 신당동(新堂洞) 혹은 행당동(杏堂洞)에 있는 신당(神堂)에 가서 제를 올리고 정해진 장지로 옮겨 갔다고 한다. 이 지역에 왕십리(往十里), 답십리(踏十里) 등의 지명이 오늘날에도 존재하는데 한양 중심에서 십리(十里) 즉 4km쯤 떨어져 있다는 의미라고 한다.

사해의 북쪽 서편 연안에 쿰란(Qumran)이라는 유적지가 있다. 이곳에서 금세기 성서 연구에 가장 중요한 자료인 사해 사본이 발견되었다. BC 200년에서 BC 100년 사이에 쓰인 쿰란의 구약 성경 사본은 지금까지 알려진 사본보다 무려 천 년 이상 앞섰다고 추정된다. 여러 문헌을 통하여 볼 때 쿰란에 있었던 공동체는 당시 예루살렘 중심의 정통 유대교와 결별한 채, 사해 근처에서 수도원 형태의 공동생활을 하며 다가오는 종말을 기다렸다. 이들은 자신들의 신앙생활을 보여 주는 자기들만의 독자적인 문서를 작성하고 히브리어 성경을 직접 필사하여 보관하였다. 이 공동체는 유대인 전쟁 초기인 68년 로마군에 의해 파괴되었다. 로마 군대의 공격을 예상하였던 쿰란 사람들은 보관 중이던 문서와 성경 사본들을 항아리 속에 담아 근처의 동굴 속에 감추어 두었다. 아마도 그들은 로마 군대가 떠나가면 다시 돌아와 숨겨 두었던 문서들을 되찾으려 하였던 것 같다. 그러나 그들은 돌아오지 못하였고 감추어 두었던 문서들은 2,000년 가까이 동굴 속에 있다가 1947년 한 양치기 소년에 의하여 우연히 발견되어 세상에 알려지게 되었다. 쿰란 근처는 황량한 사막지대이고 이곳의 남쪽에는 큰 규모의 오아시스가 있다. 이곳에서도 쿰란과 거의 같은 시기의 건물로 추정되는 유적이 발견됨으로써 두 곳이 긴밀하게 연결되었을 것으로 추정된다.

사해 서쪽 쿰란과 마사다 중간에 엔게디(Ein Gedi)라고 있다. 엔게디는 '새끼 염소의 샘'이란 뜻으로 풍부한 수원을 갖고 있는 오아시스에서 생겨난 지명이다. 사무엘상 23장 29절에 보면 다윗이 사울을 피하여 숨어 다닐 때 그는 '엔게디 요새'에서 숨어 지냈다. 그다음 구절인 사무엘상 24장 1절에서는 이곳을 '엔게디 황무지'로 칭하는데, 이 지역이 유다 광야에 속하는 황무지이기 때문이다. 사울이 다윗을 추격하면서 다윗이 숨어 있던 동굴로 들어왔다. 이때 다윗은 사울을 죽일 수도 있었지만, 하나님의 기름 부음을 받은 왕이라는 이유로 사울을 죽이지 않았다. 다윗은 엔게디 동굴에서의 경험을 시편 142편에서 표현하고 있다. 아가서(Song of Songs) 1장에 의하면 엔게디는 고대로부터 아름답고 비옥한 땅으로 유명하였다. 엔게디는 광야를 통하여 예루살렘이 있는 산지로 올라가는 광야길의 입구이다. 역대하(2 Chronicles) 20장에 보면, 유다 왕국 여호사밧 통치 시대에 요단강 건너 고원지대에 있던 암몬과 모압은 유다 왕국을 공격하기 위하여 광야

길 곧 엔게디를 거쳐 산지로 올라왔다.

　사해 북단에서 서북쪽으로 약 10km 떨어진 여리고(Jericho)는 이미 BC 8,000년경에 정착 사회를 이루었다고 추정된다. 해저 200여 m의 요단강 계곡에 자리 잡은 여리고는 세계에서 가장 낮은 지역에 있는 도시이다. 여리고는 매우 건조한 사막에 가까운 지역이나 세 군데의 오아시스를 가지고 있어서 도시 전체가 아름다운 숲으로 이루어져 있다. 고대 여리고가 묻혀 있는 언덕 아래에는 '엘리샤의 샘'으로 알려진 물 근원이 있다. 열왕기하(2 Kings) 2장 19~25절에서 엘리샤(Elisha)는 여리고 주민들을 위하여 이곳 샘에서 나오는 쓴 물을 단물로 변화시켰다. 여리고 앞쪽에는 사해로 유입되는 요단강 하구가 있다. 이 강을 중심으로 양편에 여리고 평지와 모압 평지가 자리하고 있다.

　모압 평지에서 진을 치고 있던 여호수아 휘하의 이스라엘 백성들은 이곳의 요단강을 건너 가나안 땅으로 들어갔다. 신약시대 세례 요한은 이 근처에서 이스라엘 백성들에게 회개의 세례를 베풀었고 예수도 이곳에서 요한에게 세례를 받았다. 현재 여리고 앞쪽의 요단강에는 알렌비 다리가 놓여 있어서 요르단에서 이스라엘로 들어가는 중요한 통로가 되고 있다. 예수도 갈릴리에서 예루살렘을 올라갈 때에 여리고를 지나갔다. 이곳에서 그는 소경 거지의 눈을 고쳐 주었고, 세리장이었던 삭개오(Zacchaeus)를 만났다.

누가복음 19장에 보면 예수가 여리고에서 삭개오(Sergio)를 만나는 장면이 나온다. 삭개오가 예수를 보고자 하나 키가 작고 사람이 많아서 뽕나무에 올라가서 보는데 예수께서 올려 보시고 '삭개오야 속히 내려오라 내가 오늘 네 집에 유(留)하여야 하겠다'라고 말한다. 여기서 뽕나무라고 번역된 나무는 일종의 무화과나무(sycamore fig tree)로 나무에 올라가 그 열매에 침을 주어야 숙성되어 나중에 수확할 수 있다고 한다. 구약성서 아모스 7장 14절에 아모스가 '나는 선지자가 아니며 선지자의 아들도 아니요, 나는 목자요 뽕나무를 배양하는 자'라고 대답하는 구절이 나온다. 해당 부분을 영어 성경에 보면 'I was a shepherd, and also took care of sycamore fig tree'라고 되어 있다. 아모스의 직업은 목동이요 요즘 말로 second job으로 무화과나무에 올라가서 열매에 침을 주는 알바를 하고 있다고 진술하고 있다. 당시 그 지방의 관습이라는 이야기이다. 오늘날도 여리고의 길가에 그와 같은 무화과나무가 자라고 있다. 예수가 여리고를 지나갈 즈음이 무화과나무 열매에 침을 주는 시절이라 큰 무화과나무에 사람이 올라가는 것이 자연스러운 풍경이었을 것이다. 즉 내세울 것 없는 삭개오가 익명성을 보장받기 위하여 나무에 올라가 있는데, 사정을 다 알고 있는 예수가 어서 내려오라고 하며 삭개오에게 관심을 표시하고 있다.

17
중동 평화

　　　　　　AD 70년 많은 희생자를 남기면서 끝난 로마와의 전쟁 결과로 수많은 유대인이 노예로 끌려갔다. 로마는 예루살렘 근처에 군대를 주둔시키고 유대인 거주자의 숫자를 극도로 줄였다. 예루살렘 성전이 파괴된 후 유대교 내에서 중대한 변화가 왔다. 제사장 중심의 귀족정치는 그 주도권을 율법주의자들에게 넘겨주게 되었다. 유대인의 중심지는 예루살렘에서 유대인 랍비들의 율법 학교가 있는 해안지방의 야브네로 옮겨졌다. 그럼에도 예루살렘은 여전히 영적인 중심지로 남아 있었다. 민족주의적인 경향을 띤 유대인을 중심으로 제2차 유대인 반란 운동을 일으켰으나 로마군의 무자비한 탄압으로 실패하였다. 로

마군은 모든 유대인을 예루살렘과 유다 지방에서 추방하였다. 그 결과 유대인의 중심지가 갈릴리로 옮겨졌다. 그리고 유대인들은 전 세계로 흩어지는 디아스포라(Diaspora)의 신세가 되었다.

그 뒤 콘스탄틴 황제 때 기독교가 로마의 국교가 되었고, 기독교의 발전을 적극적으로 장려하였다. 그의 모친 헬레나는 이스라엘의 성지를 직접 방문하여 예수 그리스도와 관련된 유적지들을 성역화하였다. 여러 분야의 발전이 이스라엘의 전 지역에서 활발하게 전개되었다. 예루살렘은 다시 성장하여 옛 모습으로 발전되었다. 콘스탄틴 황제는 수도를 로마에서 오늘날의 이스탄불인 비잔틴으로 옮기고, 330년 이 도시의 이름을 콘스탄티노플로 바꾸었다. 그가 죽고 난 후 로마제국은 다시 양분되면서 콘스탄티노플은 7세기 아랍의 침공이 있기까지 약 300년간 비잔틴 제국(동로마 제국)의 수도로 남게 되었다. 팔레스타인 지역은 비잔틴 제국에 예속되었다. 이 시대에 팔레스타인은 경제적으로 번창하였고 인구는 급속히 증가하였다. 유대인들은 기독교로 개종하거나 타국으로 이주함으로 그 숫자가 급격히 감소하였다. 기독교는 점차 이 지역 거주자들의 중심적인 종교가 되었다. 무역, 학문, 예술 등이 이 시기에 번성하였다. 인구밀도의 증가로 새로운 도시를 건설하거나 기존 도시를 정비하게 되었다. 당시 도시 계획은 주로 물을 저장하는 데 최대의 목표를 두었다. 거주민들은 자기 집 근처에 큰 바위를 이용하여 저수조를 마련했다. 이 저수조는 방수시설이 되어 있었고, 지붕에서부터 빗물을 끌어들이는 수도관도 마련되어 있었다. 큰 도시에는 간선도로에 노상 도수관을 마련하여 도시 중앙에 거대한 저수조로 모이게 하였다. 수도관은 주민들이 번갈아 가며 청소하여 청결이 유지되었다. 저장된 물은 가정용뿐만 아니라 공중목욕탕과 농사를 위해서 사용되었다. 물 사용의 대가로 도로 이용자에게 통행세를 부과하여 이 도시의 주요한 수입원이 되었다.

630년 비잔틴 군대는 아르묵강 전투에서 참패하면서 갈릴리 지방을 모슬렘에게 넘겨주었고 그로부터 8년 뒤에 모슬렘 세력은 예루살렘을 점령하였다. 이때부터 예루살렘은 메카와 메디나에 이어 모슬렘 성지순례자들이 모여드는 종교적 중심지가 되었다. 아랍 세력은 초기에 경제적 측면에서 기독교인들과 유대인들을 박해하지 않았다. 그러나 현실적으로 모슬렘이 아닌 토지 소유자들에게 더 높은 세금이 부과되었다. 그에 따라서 사람들이 점차로 농사를 포기하고 직조, 염색, 금은세공 등에 종사하게 되었다. 일부는 상업과 무역으로 생업을 바꾸었다.

소아시아에서 강력한 왕국을 건설하였던 셀죽 튀르키예(Seljuk Turks)가 이스라엘 지역을 공격하였고 1077년 예루살렘 지역의 통치자가 되었다. 이때까지는 성지순례객들이 자유롭게 이스라엘 성지를 방문하였으나 셀죽 튀르키예는 이를 제한하였다. 이러한 심각한 위기 상황에 비잔틴 황제는 로마 교황에게 도움을 요청하고, 교황은 십자군 원정을 제안하였다.

십자군 원정대는 1099년 예루살렘을 점령하고 모슬렘 거주자들과 유대인들을 학살하였다. 십자군 왕국은 초기 100여 년 동안 강력한 세력을 유지하였으나 1185년 왕위 문제를 두고 내분이 일어났다. 또한 십자군들은 메카로 가는 모슬렘 순례자들을 공격함으로써 모슬렘 세력과 부딪쳤다. 1187년 예루살렘을 비롯한 해안지방의 십자군 도시들이 모슬렘의 손에 넘어갔다. 그 후 십자군들은 성지 재탈환을 위하여 여러 차례 십자군 원정을 시도하였지만 제대로 성공하지 못했다.

십자군들이 제대로 힘을 발휘하지 못하는 사이에 이스라엘 지역은 다른 튀르키예 출신인 마므륵(Mamluk)과 몽골이 맞서서 싸우는 전쟁터로 바뀌었다. 마므륵은 1260년 벧산 근처에서 몽골족을 격퇴하고 나서, 이스라엘 땅에서 십자군을 영구히 추방하는 전쟁을 일으켰다. 십자군들이 이스라엘을 떠난 후 더 이상 팔레스타인에 상륙할 수 없도록 하려고 지중해 해안을 따라 세워진 십자군 성채들을 모조리 모래 속에 파묻어 버렸다. 그 이후 약 250년간 지속된 이스라엘의 마므룩 시대를 열었다. 그러나 이들은 1516년 오스만 튀르키예에 패배하였다. 오스만제국은 전성기 때 통치권이 북쪽의 비엔나에서 남쪽의 아라비아반도 남단까지 미쳤다. 전성기 이후 오스만제국의 통치력이 약해지더니, 프랑스 나폴레옹의 이집트와 팔레스타인 침공(1798~1801년) 이후 오스만제국의 운명은 유럽의 여러 나라들과 러시아에 의해 많이 좌우되었다.

유대인들은 이 기간에 자신들의 공동체를 확장하였다. 유럽과 러시아에서 거주하던 유대인들은 박해를 피해 비교적 반유대주의 경향이 없었던 팔레스타인 지역으로 찾아들었다. 본격적인 유대인들의 팔레스타인 이민은 19세기 말 시온주의 운동의 고조로 급증하였다. 이스라엘에서 오스만제국의 통치가 종식되었던 세계 1차대전이 일어나기 전 유대인들의 이민은 크게 두 차례 있었다. 제1차 이민은 주로 러시아와 루마니아 출신으로 이루어진 개척자들로 이들의 이민은 1897년에 시작하여 몇 년 동안 계속되었고, 주로 농업에 종사하였다. 제2차 이민은 1904~1914년 사이에 이루어졌다. 2차 이민은 주로 사회주의적 이상을 주장하는 러시아 출신들로 이루어졌다. 2차 이민자들은 최초로 키부츠와 모샤브를 이스라엘에 건설한 장본인이다. 이러한 이민자들의 유입이 한창 진행 중이던 1909년 유대인들로만 구성된 최초의 유대인 도시 텔아비브가 욥바 근처에 세워졌다.

　세계 1차대전 기간(1914~1918년) 동안 오스만 튀르키예는 독일 편에 있었다. 세계 1차대전에서 연합국의 승리는 이스라엘에서 약 400년 동안 지속되었던 튀르키예의 지배를 끝냈다. 이때부터 아랍-이스라엘의 갈등은 세계평화를 위협하는 요소가 되었다. 세계대전이 끝나면서 결성된 국제연맹은 중동지역에 위임통치(mandate)라는 개념을 도입하였다. 1920년 국제연맹의 결정에 따라 프랑스는 시리아와 레바논 지역을, 영국은 요르단과 팔레스타인 지역을 각각 위임통치하게 되었다. 이러한 결정은 해외의 유대인들이 대거 이스라엘로 유입하게 하였다. 특히 동부 유럽의 유대인들이 대거 이스라엘로 몰려들었다. 이민이 급증하면서 이스라엘은 경제적으로 크게 발전하였지만, 현지 아랍인들과 유대인 간의 갈등이 더욱 깊어졌다. 두 민족의 갈등과 긴장은 세계 2차대전이 발발하기 전까지 계속되었다.

　1차대전 중에 튀르키예군과 싸웠던 아랍의 지도자들은 국제연맹의 이런 결정을 약속 위반이라고 받아들였다. 후세인 가문 출신 압둘라(Abd Allah ibn al-Husayn, 1882~1951)는 군대를 조직하여 메카로부터 요르단 지역으로 침입하였다. 영국은 압둘라와 협상 끝에 팔레스타인을 요단강 중심으로 양분하기로 하였다.

요단강 서안 지역(West Bank)은 영국의 직접적인 위임통치 지역으로 정하였고, 요단강 동편 지역은 압둘라를 왕으로 하는 아랍왕국(오늘날 요르단)을 삼아 영국의 보호를 받도록 하였다. 이런 상황은 1948년 영국이 이 지역에서 위임통치를 마칠 때까지 계속되었다.

영국의 위임통치 아래에서 팔레스타인 지역은 급속하게 발전하였으며, 현대적인 경영 구조의 사회로 변모하였다. 그러나 급증하는 유대인 이민은 이곳의 원주민 아랍인들과 인종적 갈등을 일으켰다. 이런 상황이 더욱 악화되어 영국이 더 이상 통제할 수 없는 지경에 이르자 영국은 이 문제를 국제연합(UN)에 위임하였고, 유엔은 1947년 팔레스타인에 아랍과 유대인을 분할하여 두 나라를 세우는 안건을 상정하였다. 분할된 팔레스타인에 유대인 국가와 아랍 국가를 세우겠다는 유엔의 결정은 아랍 측의 거부로 무효화 되었다.

이런 상황 속에서 1948년 영국은 철수하고 유대인과 인근 아랍국들 사이에 전쟁이 발발했다. 같은 해에 휴전이 되고 요단강 서안 지역과 예루살렘 동부의 구시가지는 아랍인 지역이 되었다. 그 후 1950년 주민들의 결정으로 이 지역은 요르단의 압둘라 왕국에 예속되었다. 유대인들이 세운 신생 이스라엘 공화국은 예루살렘의 서부지역과 요르단 서안 지역 이외의 다른 지역을 차지하였다. 시나이반도 대부분과 가자지구(Gaza Stripe)는 이집트의 통치 지역이 되었으며, 갈릴리 호수의 동북부인 골란고원은 시리아의 통치 지역이 되었다. 이스라엘은 적대감을 가지고 있었던 주변의 아랍 국가들과 다섯 차례에 걸쳐 전쟁을 치렀다. 특히 이스라엘은 1967년 6월에 있었던 3차 중동전쟁인 '6일 전쟁'으로 이집트가 통치하였던 시나이반도, 시리아가 통치하였던 골란고원, 요르단이 통치하였던 동부 예루살렘과 요단강 서안 지역을 점령하였다.

팔레스타인 지역을 둘러싼 아랍과 이스라엘 사이의 분쟁은 여러 차례의 전쟁을 치른 끝에 새로운 국면으로 접어들었다. 팔레스타인해방기구(Palestine Liberation Organization; PLO)가 국제적인 공인을 받게 되었다. 유엔은 총회 결의로 팔레스타인인들에 대하여 외부의 간섭을 받지 않는 자치권, 민족 독립과 주권을 가질 수 있는 권리, 중동 평화 달성을 위한 중요 당사자로 지위 등을 인정하면서 PLO에 유엔 옵서버 자격을 부여하였다. 또 하나의 중대 변화로 1977년 미국의 주선으로 이스라엘과 이집트 간 평화협정(캠프 데이비드 협정)이 체결되었다. 이집트는 이스라엘과 평화협정을 체결함으로써 이스라엘과 국교를 수립하고 시나이반도를 되찾았다. 두 나라는 양국 간 관계를 안정시킬 수 있었으나, 팔레스타인 분쟁의 근원적인 문제들은 여전히 해결되지 않고 남아 있었다. 이스라엘은 어렵게 조성된 중동지역의 평화 분위기를 외면하고 이전 전쟁에서 점령하였던 동예루살렘, 가자지구, 골란고원을 1980~1981년에 자신의 영토로 공식 합병시켰다. 이 협정부터 중동지역의 중재자를 미국이 떠맡게 되었다.

팔레스타인 분쟁은 1993년 미국의 중재로 이스라엘과 팔레스타인해방기구(PLO) 대표가 노르웨이 오슬로에서 만나 팔레스타인 독립 국가와 이스라엘이 평화적으로 공존하는 방법을 모색하는 협정을 체결함으로써 새로운 국면을 맞았다. 오슬로 협정은 팔레스타인 임시자치정부 출범의 계기가 되었다. 오슬로 협정은 팔레스타인 자치와 선거, 과도기 협정, 이스라엘군의 재배치와 철수, 유대인 정착촌, 난민 문제 등에 합의했다. 이로써 팔레스타인 독립 국가와 이스라엘이 평화적인 공존 가능성을 보여 주었고, 이 협정으로 1994년 아라파트(Yasser Arafat, 1929~2004)를 수반으로 하는 팔레스타인 자치정부 수립이 선언되었다.

1995년 2차 협정으로 완성된 오슬로 협정은 이스라엘이 가자지구와 요르단강 서안 등 점령지를 반환해 팔레스타인 자치정부를 설립하는 대신 아랍권은 이스라엘의 생존을 보장한다는 '영토와 평화의 교환'이 기본원칙이다. 이 협정에 따라 이스라엘은 점령지에서의 철군을 진행했고 팔레스타인은 1996년 자치정부를 본격 출범하게 되었다.

이후 양측 간에 체결되는 협정들은 오슬로 협정을 기반으로 하게 되었으나, 이스라엘의 지배권을 계속 인정하는 등 여러 내용이 팔레스타인 측에 불리하다는 지적이 있었다. 즉, PLO가 팔레스타인 행정당국(Palestine Authority: PA)으로 이름을 바꿔 제한적인 자치를 하고 있을 뿐 점령지로부터의 이스라엘군 철수, 점령지 반환, 자치권 확대 등 구체적인 이행은 진전이 없었기 때문이다. 이 오슬로 협정을 성립시킨 아라파트 수반과 라빈(Yitzhak Rabin, 1922~1995) 이스라엘 총리는 페레스(Shimon Peres, 1923~2016) 당시 외무장관과 함께 1994년 노벨 평화상을 받았다.

이 협정으로 이스라엘 극우파의 반발을 산 라빈 총리는 1995년 암살되고, 뒤이어 집권한 우파 연합의 네타냐후(Benjamin Netanyahu, 1949~) 총리는 팔레스타인 당국으로의 점령지 반환을 거부하면서 협정 이행은 교착상태에 빠지게 되었다. 뒤이어 1996년 하마스의 자살폭탄테러 등이 발생하는 등 오슬로 협정 이행에 많은 어려움이 뒤따랐다. 그러다 2003년 미국, 이스라엘, 팔레스타인이 '중동평화로드맵'에 서명함에 따라 이스라엘은 1967년 3차 중동전쟁 당시 점령한 가자지구와 요르단강 서안의 여리고에서 2005년 9월 완전히 철군하였다.

    이스라엘에서 강경파가 득세하는 사이 팔레스타인 측에서도 강경파가 힘을 축적하였다. 팔레스타인 자치정부(PA)는 요단강 서안에 있는데, 팔레스타인 측의 가자지구를 통치하는 무장 정파 하마스(Hamas)가 2023년 10월 7일 유대교 안식일에 이스라엘 남부를 겨냥해 로켓포 공격을 감행한 데 이어 하마스 무장대원들이 패러글라이더 등을 활용해 분리 장벽을 넘어 이스라엘 영내로 침투했다. 이들은 가자지구와 맞붙은 이스라엘 남부 지역에서 민간인들을 공격했으며, 수십 명의 이스라엘 사람들을 인질로 잡아갔다. 하마스의 기습 공격 이후 이스라엘의 네타냐후 총리는 '우리는 전쟁 중'이라는 성명을 발표한 뒤 반격에 나서면서 양측 간 전쟁이 공식화됐다. 여기에 레바논의 무장단체 헤즈볼라까지 이스라엘 공격에 개입하면서 1973년 '욤 키푸르 전쟁' 이후 최대 격돌이 일어났다. 이스라엘은 가자지구를 전면적으로 포위하고 물 공급을 차단했으며, 팔레스타인 목표물에 지속적인 폭격을 가하고 있다.

    하마스의 기습 공격 이후 이스라엘의 네타냐후 총리는 하마스에 대응하는 작전을 '철검(Iron Swords)'으로 명명하고 전투기 등을 동원해 대대적인 보복 공습에 나섰다. 이처럼 양측의 무력 충돌은 1948년 이스라엘 건국 이후 지속돼 온 것인데, 특히 2022년 말 네타냐후 총리의 재집권 이후 극우 정책이 지속되면서 양측의 긴장이 더욱 고조되었다. 미국과 서방 국가의 정상들은 이스라엘에 대한 하마스의 공격을 테러 행동으로 규정하고 이를 규탄하는 공동성명을 발표했다. 그러나 이란, 레바논 등 이슬람 시아파 국가들이 하마스의 배후에 있다는 의혹이 제기되고 사우디아라비아가 팔레스타인 편에 서겠다고 선언하면서 중동 정세는 큰 혼란에 빠져들 것으로 전망되고 있다.

하마스의 대규모 기습이 일어난 과정에서 세계 최고 수준의 정보력을 자랑해 온 이스라엘의 첩보 조직 '모사드(Mossad)'는 해당 정보를 사전에 파악하지 못했고, 이스라엘이 자랑하던 미사일 방어시스템 '아이언돔(Iron Dome)'은 곳곳이 뚫린 것으로 드러났다. 이스라엘은 가자지구에서 철수한 2005년 이후 팔레스타인 극단 세력의 공격을 막기 위해 로켓 방어시스템인 '아이언돔'을 도입했고, 지하 방어벽과 감시 센서를 갖춘 '스마트 국경 시스템'도 구축했으나 하마스의 이번 공격에서 이러한 체제들이 모두 무력화됐다.

하마스와 이스라엘의 충돌로 가자지구와 함께 팔레스타인 자치 구역을 구성하는 요단강 서안지구에서 제3차 인티파다가 촉

발될 수 있다는 전망이 나왔다. 하마스는 이번 작전이 지난 수십 년 동안 당해온 잔혹 행위에 대한 대응이라며 요단강 서안지구의 팔레스타인인과 주변 아랍 세력에 동참을 요청하였다. 인티파다는 1987년 처음 시작된 팔레스타인인들의 저항운동으로, 지금까지 두 차례 일어났다. 제1차 인티파다는 1987년 가자지구에서 이스라엘군 차량이 팔레스타인인을 치어 숨지게 한 사고를 계기로 촉발돼 약 1,000명의 희생자가 발생했다. 제1차 인티파다는 1993년 오슬로 협정이 이뤄질 때까지 진행됐으며, 이후 이스라엘과 팔레스타인 간 충돌을 해결하기 위한 중동 평화 회담이 진행됐다. 그러나 2000년 미국의 캠프데이비드에서 열린 평화 회담이 결렬되면서 이스라엘과 팔레스타인의 관계는 더욱 나빠졌다. 제2차 인티파다는 2000년 당시 이스라엘 야당(리쿠드당)의 지도자이던 샤론(Ariel Sharon, 1928~2014)이 모슬렘 성지인 동예루살렘의 사원을 도발적으로 방문하면서 시작됐다. 이에 항의하던 팔레스타인인들의 시위는 이스라엘의 강경 진압으로 유혈 충돌로 치닫고, 오슬로 협정 파기로까지 이어졌다.

2023년 하마스의 공격은 극우 세력과 연합해 재집권한 네타냐후 총리의 극우 정책 지속에 따른 갈등 고조는 물론, 미국의 주도로 이스라엘과 아랍권 국가 간 관계 정상화가 이뤄지고 있는 것에 제동을 걸기 위함이라는 분석이 지배적이다. 네타냐후 총리는 유대인 정착촌 확대, 서안지구 내 동예루살렘 지배권 강화 시도, 팔레스타인인에 대한 차별적 조치 천명 등 극우 정책을 지속해 왔다. 유대인 정착촌은 가자지구와 서안지구 등 팔레스타인 자치 지역에 있는 유대인 거주 지역으로, 국제사회는 이스라엘의 유대인 정착촌 건설을 국제법 위반으로 규정하고 중단을 요구해 왔으나 네타냐후 정부는 정착촌 건설 확대를 강행했다. 여기다 이슬람교, 유대교, 기독교 등 세 종교의 성지인 동예루살렘의 '성전산'에 대한 통제권을 강화하려는 이스라엘의 시도도 충돌 가능성을 높여 왔다. 이스라엘군은 팔레스타인 무장 세력의 근거지로 알려진 요단강 서안지구의 난민촌에 지상군 병력과 드론까지 투입, 20년 만에 최대 규모의 군사작전을 벌였다.

이스라엘은 2020년 미국의 중재로 아랍에미리트(UAE), 바레인, 모로코 등 아랍권 국가와 관계를 정상화하는 '아브라함 협약'에 서명했고, 최근에는 수니파 종주국인 사우디아라비아와 국교 정상화를 추진하고 있다. 만약 사우디아라비아마저 이스라엘과 관계를 회복하면 이스라엘을 인정하지 않는 강경 투쟁노선을 고수해 온 하마스의 입지가 좁아질 수밖에 없다는 점에서 하마스가 이에 제동을 걸기 위해 공격에 나섰다. 이는 이스라엘과 수니파 아랍권의 밀착이 자국 안보를 위협할 것을 두려워한 이란의 입장과도 부합하는 것이어서, 이번 하마스의 공격 배후에 이란이 있다는 의혹이 이어지고 있다. 이스라엘과 팔레스타인 하마스의 전쟁이 가열되면서 2024년에 이란의 미사일이 여러 발 이스라엘 측에 발사되었는데 이번에는 이스라엘 방공체계가 이란의 미사일을 자국 영토에 도달하기 전에 요격하는 기염을 토하였다. 이는 지난번 가자지구에서 하마스의 미사일 공격에 대하여 방공체계가 무력했다는 지적에 대한 반론이라는 분석이 있다. 이스라엘의 항공기에서 발사한 탄도미사일이 이란 내 목표물을 명중하였다.

이스라엘과 하마스 양측은 여론전에도 신경을 쓰고 있다. 가자지구의 아랍병원에서 폭발이 일어나 사람들이 많이 숨지는 사건에 대해서 서로의 소행이라고 비난하는 가운데, 네타냐후 이스라엘 총리는 지상 작전 확대를 결정했다고 선포하면서, 가자지구에 대한 본격적인 지상전을 개시했다. 이후 가자지구에는 개전 이래 최대 규모의 공습이 가해졌으며, 이스라엘군은 가자지구 최대 도시인 가자시티의 완전 포위를 선언하고 시가전을 전개했다. 특히 이스라엘은 하마스가 가자지구 내 최대 병원에 군사작전 거점을 숨기고 있다고 주장하며 병원을 급습했다. 이스라엘은 병원을 공격하는 것은 전쟁범죄라는 국제적 비난에도 불구하고 병원 급습을 강행한 뒤 하마스가 병원을 군사용 목적으로 사용했다는 증거라며 병원에서 찾은 무기 등을 연일 공개했다. 하마스와 PA는 그 병원에 무기는 없었다면서 이스라엘이 제시한 증거의 조작 가능성을 제기하였다.

이스라엘과 하마스가 2023년 11월 24일부터 합의대로 휴전에 들어갔는데, 이는 하마스가 지난 이스라엘을 기습하며 전쟁이 발발한 지 48일 만에 일시적으로나마 이뤄진 첫 휴전이다. 국제사회는 이 임시 휴전을 계기로 휴전 체제로의 전환을 촉구했으나 하마스를 궤멸하겠다는 이스라엘의 태도에는 변화가 없어 전쟁 양상에는 큰 변화를 일으키지 못하였다. 이스라엘군이 12월 1일 가자지구 공습을 재개하면서 양측의 휴전은 다시 요원해지게 됐다. 특히 이스라엘군은 12월 3일 가자지구 남부로 작전 실행을 공식화하면서 공중전과 남부와 북부에서 동시에 지상전을 벌이는 단계에 돌입했다. 이스라엘은 남부 지상전 개시에 대해 앞서 임시 휴전 기간 가자지구 북부에 머물던 하마스 지도부가 남부로 이동했다는 점을 이유로 들었다.

하마스의 최후 보루로 여겨지는 가자지구 최남단에 대한 무력 압박을 가해온 이스라엘군이 북부에서도 다시 하마스와 치열한 교전에 돌입하면서 사상자 수 증가 폭이 커지고 있다. 2024년 5월 12일 외신 보도에 따르면 이스라엘군은 전날 가자지구 북부에 있는 난민촌에 다시 탱크를 진입시켰다. 이스라엘군이 철수한 사이 전열을 정비하려는 하마스를 저지하기 위해서다. 하마스는 가자지구 남부와 북부 등에서 이스라엘 영토를 향해 로켓을 쏘기도 했다. 이 때문에 가자지구 남단과 북부 분리 장벽과 가까운 이스라엘 남부 등에서 사이렌이 울리고 방공망 아이언돔이 가동되었다. 하마스 측은 가자지구 내 사망자가 개전 218일간 35,000여 명이 됐다고 밝혔다.

항공기에서 지상 표적을 타격하는 공중발사 탄도미사일(Air Launched Ballistic Missile; ALBM)이 전쟁의 새로운 주역으로 떠오를 조짐이다. 공중발사 탄도미사일은 항공기에서 탄도미사일을 투하하면, 미사일이 지상 표적을 향해 날아간다. 적군 방공망 밖에서 탄도미사일을 발사하면 항공기는 안전하게 지상 타격 임무를 마치고 복귀할 수 있다. 냉전 시절 핵 폭격기 탑재용으로 개발되었는데, 냉전 이후 사라진 것처럼 보였지만, 최근 화려하게 부활하는 모양새이다. 러시아와 중국, 이스라엘, 미국 등이 공중발사 탄도미사일을 개발하거나 실전에 사용하고 있다. 우크라이나 전쟁에서 러시아가 실전에 투입했고, 이스라엘의 이란 공습에서도 공중발사 탄도미사일이 쓰인 것으로 보인다. 북한 핵미사일 위협에 직면한 한국도 충분히 고려할 필요가 있다는 지적이다.

공중발사 탄도미사일의 개념과 기술은 1950년대부터 등장했다. 당시 미국은 폭격기가 적진에 침투해 핵폭탄을 떨어뜨리는 수단의 하나로 고려하였다. 옛소련의 방공망이 강화되면서 폭격기의 생존이 위태롭게 되고 대륙간탄도미사일(Inter-Continental Ballistic Missile: ICBM)과 잠수함발사탄도미사일(Submarine Launched Ballistic Missile: SLBM) 기술이 발전하면서 공중발사 탄도미사일 기술이 조용히 사라졌다가 이번에 다시 등장하였다. 그렇게 자취를 감췄던 공중발사 탄도미사일이 냉전 이후 러시아와 중국, 이스라엘에서 다시 모습을 드러냈는데, 이들 국가는 왜 역사의 뒤안길로 사라졌던 무기를 다시 꺼냈을까?

가장 큰 이유는 방공망과 공중전 능력의 강화다. 세계 각국의 방공망은 정밀도와 사거리가 과거보다 훨씬 높아졌다. 패트리엇 외에도 사드(THAAD), 아이언돔, 애로, S-400 등 고성능 방공체계가 세계 곳곳에 배치되었다. 기존 방식으론 미사일과 항공기는 임무 수행과 생존에 위협을 받을 수밖에 없다. 한편 전투기 탑재 공대공미사일의 사거리가 늘어났다. 음속 이상의 속도로 날아가는 비행기에서 탄도미사일을 쏘면, 지상 발사 미사일보다 속도와 사거리가 훨씬 늘어난다. 위력도 순항미사일보다 강하다. 적군의 위협으로부터 안전한 지역에서 미사일을 발사해 방공망을 파괴하고, 순항미사일 등을 사용하면 표적을 타격할 가능성이 높다. 항공기는 지상의 미사일 발사 차량이나 해상의 군함과 달리 하늘에서 자유롭고 빠르게 움직인다. 적 방공망이 예상하지 못하는 곳에서 탄도미사일을 발사할 수 있다. 적군은 발사 원점 추적이 쉽지 않고, 아군은 전략적 유연성을 한층 강화하는 효과가 있다. 공중발사 플랫폼으로 전투기나 폭격기가 쓰인다. 전투기는 높은 발사 속도와 고도를 확보할 수 있고 고각 확보 측면에서도 장점이 있다. 반면 중량 제약과 전투기 개조 문제로 전투기 제작국 이외의 국가는 탄도미사일 탑재가 제한될 우려가 있다. 폭격기는 더 무거운 중량의 미사일 탑재가 가능하지만, 속도가 전투기보다 느리다.

이스라엘의 보수 우파 연합을 이끄는 네타냐후 총리는 이스라엘이 건국된 이후인 1949년 텔아비브에서 태어났다. 청소년기에 대학교수인 아버지를 따라 미국으로 건너갔고, MIT에서 학사과정으로 건축학을 공부하고 경영학 석사과정을 마쳤다. 1982년 주미 부대사, 1984~88년에는 유엔 주재 이스라엘 대사를 지냈다. 네타냐후는 1988년 초선 의원이 되면서 정계에 입문했고, 1993년 보수 리쿠드당 당수로 선출됐다. 이후 1996년 총선 때 노벨 평화상 수상자인 페레스 노동당 대표를 누르고 46세의 나이로 역대 최연소 총리에 올랐다. 그러나 1999년 총선에서 패배하면서 정계를 떠났다가, 2003년 샤론 총리의 연립정부에서 재무장관을 역임했다. 2년 뒤인 2005년, 샤론 총리가 가자지구의 정착촌 철수를 감행한 데 반발하면서 장관직을 사임했다. 그는 2005년 다시 리쿠드당 대표에 선출됐으나, 리쿠드당은 이듬해인 2006년 총선에서 12석을 얻으면서 참패했다. 리쿠드당은 이후 2009년 조기 총선에서 2위에 머물렀지만, 연정에 성공하면서, 네타냐후는 2번째 총리직에 오른다.

리쿠드당이 2013, 2015, 2019년 총선에서 연달아 승리하면서 총리직을 이어갔는데, 2019년 총선에서 리쿠드당이 승리하면서 네타냐후는 13년 5개월 재임한 벤구리온 초대 총리를 제치고 가장 오랫동안 총리직을 수행한 인물이 되었다. 2021년 6월 13일 이스라엘 크네세트(의회)가 9개 야권 정당이 동참하는 연립정부를 최종 승인하고 새 연정이 공식 출범함에 따라, 2009년 이후 12년간 이어진 네타냐후 시대가 막을 내리게 됐다. 그러다 네타냐후가 이끄는 우파 진영이 2022년 치러진 총선에서 120석의 크네세트 의석 중 절반이 넘는 64석을 확보함에 따라 네타냐후는 우파 정당만으로 연정을 꾸리고 1년 반 만에 총리직에 복귀하게 됐으며, 이로써 이스라엘 역대 최장수 총리라는 기록의 네타냐후는 집권 기간을 더욱 늘리게 됐다. 네타냐후는 유대인 민족주의를 강조하는 보수 성향이 뚜렷한 인물로, 팔레스타인 당국에 대해 강경 입장을 견지해 왔고, 이란 등 주변 아랍 국가들은 물론 국제사회와 마찰을 빚어왔다. 특히 2019년 총선을 앞두고 국제사회가 팔레스타인 영토로 인정하는 요단강 서안지구 정착촌을 이스라엘로 병합하겠다고 선언하면서 논란을 일으키기도 했다.

한편으로 MIT 출신으로 미국의 국무장관을 오랫동안 역임한 슐츠(George P. Shultz, 1920~2021)가 생각난다. 그는 뉴욕에서 독일계 이민자의 후손으로 태어나 프린스턴 대학을 졸업한 후 4년간 해병대 근무를 마치고, MIT에서 경제학 박사학위를 받았다. 그 후 1957년부터 1968년까지 시카고 대학에서 교수와 총장을 역임하고 1969년 닉슨(Richard M. Nixon, 1913~1994) 행정부에 노동장관으로 입각한 뒤에 예산국장과 재무장관직을 맡았다. 이어 1974년에는 벡텔사(社) 부사장으로 재계에 투신, 사장과 회장을 역임한 후 1982년 레이건(Ronald W. Reagan, 1911~2004) 대통령에 의해 국무장관으로 임명돼 1989년 레이건 퇴임 때까지 함께하며 전후 최장수 국무장관으로 재직했다. 미국과 소련의 핵무기 감축 조약을 주도해 냉전 종식의 기틀을 마련했다고 평가받는다. 그는 1987년 구소련과 '중거리핵전력조약' 협상을 주도해 냉전 종식의 기반을 열었다. 사거리 500~5,500km인 미사일의 생산 및 배치를 전면 금지하는 이 조약이 체결되면서 미국과 러시아는 1991년까지 해당 미사일 2,692기를 폐기하는 등 군비 경쟁을 끝냈다. 그는 퇴임 후 스탠퍼드대 후버연구소 특별연구원 등을 지내며 저술 활동을 펼쳤다. 그는 100세를 누리며 장수하였다. 슐츠는 국무장관 시절 한국을 6차례 방문했으며, 1992년에 서울평화상을 수상한 바 있다.

18
수원

　　　　수원시(水原市)는 경기도 중남부에 있는 특례시이자 경기도청 소재지다. 옛날에는 경기도청이 서울특별시 한복판에 있었으나 도청 소재지가 경기도 땅에 있는 게 옳다는 논리로 1960년대에 수원으로 옮겨갔다. 필자의 큰아들이 경기고등학교를 졸업했는데 아들이 경기고(京畿高)를 나왔다고 주위에 말하면 어떤 사람은 경기도에 있는 학교냐고 묻는다고 한다. 이 말을 듣고 필자는 참으로 격세지감을 느꼈다. 경기고는 학교 위치는 바뀌었지만, 옛날부터 지금까지 서울에 있으며 한때 필자 세대 때는 우리나라에서 최고 명문고등학교였다는 사실을 요즘 세대는 모르고 있다는 이야기이다.

그동안 서울에서 경기도로 이주해 간 사람과 기관, 공장 등이 많아져서 지금은 경기도가 우리나라 제1의 인구와 재정을 자랑하고 있다. 수원시 동쪽은 용인시 기흥구 및 수지구, 서쪽은 안산시 상록구와 화성시 봉담읍 및 매송면, 남쪽은 화성시 병점 및 동탄, 북쪽은 의왕시와 접하고 있다. 수원시에는 장안구, 권선구, 팔달구, 영통구의 4개 구(區)가 설치되어 있다. 수원시는 창원시, 용인시, 고양시와 함께 2022년부터 인구가 100만이 넘는 도시에 부여하는 특례시가 되었다. 대한민국의 기초지방자치단체 중 수원시의 인구가 약 120만 명으로 가장 많다.

예부터 우리나라를 조선팔도라고 부른다. 도(道)의 이름은 고려와 조선시대에 지역 내의 대표적인 도시 두 곳의 첫 글자를 따서 지었다. 예를 들어 강원도(江原道)는 강릉(江陵)과 원주(原州)에서 딴 것이다. 경기(京畿)는 서울을 뜻하는 '서울 경(京) 자(字)'와 수도의 주변 지역을 뜻하는 '경기 기(畿) 자(字)'가 합하여 만들어진 것이다. 경기도(京畿道)는 서울을 빙 둘러싸고 있는데 지금은 중앙의 서울특별시가 교통 등에 방해 요소이고 경기도 인구가 많아졌으니, 경기도를 북도와 남도로 나누자는 의견이 있다. 최근에 경기도 북부의 행정 구역을 기존 경기도와 분리하자는 안을 논의했다. 그러나 주민투표 등의 통과 절차가 남아 있어, 실제 분리까지 실현되지는 않고 분리하려는 시도가 있었다는 기록 정도로 남게 될 가능성이 있다.

　필자는 경기도 북부인 파주시 출신으로 미국 생활 약 6년을 제외하면 평생을 서울특별시와 경기도에서 살았다. 이 중에서 제일 오래 산 곳이 경기도 군포시 산본 지역이다. 산본에 약 20년 살면서 수원시에 관심이 갔다. 왜 우리 조상들은 이 지방의 명칭을 수원(水原), 즉 물의 근원이라고 붙였을까? 나름대로 수원시와 그 인근 지역을 찾아가 보고 지도를 찾아 보고서 고개를 끄떡이게 되었고 우리 조상들의 혜안을 발견하게 되었다. 수원시 근방은 분지로 되어 있고 수원시는 모든 물이 사방으로 퍼져 나가는 곳이었다.

　수원시 북쪽에 백운산과 광교산이 있어 높은 구릉 지역을 형성한다. 광교산 정상을 시루봉이라고 부르는데 높이가 582m로서 백운산, 바라산을 거쳐 한남정맥(漢南正脈)의 일부를 이루어 서울특별시 남쪽의 청계산과 이어진다. 광교산은 높이는 낮은 편이지만 넓이는 좀 넓은 편으로 바위가 거의 없이 흙으로 된 산이고, 능선엔 수목이 울창하다. 산의 능선이 완만한 편이라 이 산간으로 서울–용인고속도로가 뚫려 서울에서 수원 지역으로 가는 시간이 상당히 단축되었다. 시루봉은 수원시와 용인시의 경계에 있으나, 행정구역상으로는 용인시 수지구 고기동이다. 광교산 정상으로 올라가는 가장 가까운 길은 용인시 수지구 신봉동의 등산로이다. 이 산간 지역에 떨어지는 비는 북쪽으로 흐르는데 여러 지천(支川)을 모아서 탄천, 양재천, 안양천을 이루어 한강으로 흘러 들어간다.

광교산 지역에서 서북쪽으로 떨어진 비는 산기슭을 타고 내려와 한남정맥의 버들치고개에서 시작하는 성복천(聖福川), 정평천(亭坪川), 동막천(東幕川) 등이 법화산에서 발원하는 본류인 탄천(炭川)과 용인시 수지구(水枝區)에서 합수되면서 탄천의 유역(流域)을 형성해 남에서 북으로 흐르는 한강의 수계가 된다. 탄천은 우리말로 '숯내' 혹은 '거무내'라고도 불리는데 우리나라 곳곳에 있다. 아마도 상류에 탄광이 있거나 숲에서 숯을 만들어 검은 물이 생겨서 흐르게 되지 않았나 생각된다. 수지(水枝)는 일제 시절에 수진면(水眞面)과 지내면(枝內面)을 통합하면서 두 면의 명칭에서 한 글자씩 따온 것이라고 하지만, 한국식 한자로 물(水)의 가지(枝)라는 뜻이다. 이 탄천은 성남시 분당을 지나 서울의 잠실벌로 흐른다. 도중에 수서(水西)라는 지명이 있는데 탄천의 서쪽에 있다는 뜻이리라.

수원 지역에서 북쪽으로 흐르는 물줄기 중에서 동서 방향으로 중간지점인 청계산 근처에는 양재천(良才川)이 흐르고 이 하천은 양재 지역과 개포동(開浦洞)을 통과해서 한강으로 흘러 들어가기 직전에 탄천과 합류한다. 이보다 더 서쪽으로 흐르는 수원 지역의 북편 물줄기는 과천(果川) 등의 지류를 받아 안양천(安養川)으로 흘러서 목동 근처에서 한강의 본류로 들어간다. 옛 지명인 금천(衿川)이나 양천(陽川)은 이 유역의 지류라고 추정된다.

필자의 이름에 찬(贊) 자가 들어가 있어서 어렸을 때 아이들이 강감찬(姜邯贊. 948~1031)이라고 부르기도 하였다. 강감찬도 강(姜)씨이므로 우리 조상이냐고 할아버지께 물어봤더니 파가 달라서 직계 조상은 아니고 아마도 강감찬은 금천 강씨가 아닌가 한다는 모호한 대답을 들었다. 경기도 파주의 금촌(金村)이 아니고 경상도의 김천(金泉)도 아니고, 금천이란다. 이런 의문은 장성한 뒤에 풀렸다. 서울의 관악구에 낙성대(落星臺)라는 데가 있는데 그곳에 강감찬 장군의 묘가 있고 동상도 있다. 유학 갔다 와서 직장이 구로구에 있었는데 어느 날 구로구에서 새로 금천구가 분구되었다.

한강 이남이었던 이 지역의 옛날 지명이 바로 할아버지가 말씀하시던 금천(衿川)이었나 보구나. 필자의 할머니는 양천 허씨였다. 할머니 제사 때나 명절 때 지방을 쓰라고 아버지가 명하면 곧잘 그대로 시행했는데, 지방 쓸 때마다 양천이 어딜까 생각했다. 옛날에 경기도 양천현이었다가 서울특별시 양천구로 편입되었다는 사실(史實)을 알고서 양천(陽川)이 바로 여기로구나 했다.

수원의 서쪽에는 수리산이나 수암산이 떡하니 버티고 있어 물이 산본이나 안산 쪽으로 즉 서해 쪽으로 바로 흐를 수가 없다. 서쪽으로 못 나간 물은 의왕시에 있는 왕송(旺松)저수지 등에 모여 있다가 남쪽으로 흘러서 황구지천(黃口池川)을 이루고 안성과 평택 지역에서 흘러온 진위천(振威川)으로 들어간다. 진위천은 아산호(牙山湖)를 거쳐 당진(唐津) 지역에서 서해로 이어진다.

광교산 자락에 내린 빗물이 남쪽으로 흐르면 광교저수지로 들어간다. 광교저수지는 얼핏 보면 보통 저수지 같지만, 일대의 식수원으로 쓰이는 저수지인지라 관리를 상당히 까다롭게 한다. 광교산 그린벨트가 풀리지 않는 주요 원인이기도 하다. 이 저수지는 황구지천과 연결되어 있다. 광교저수지 건너편으로 저수지를 끼고 도는 삼림욕 코스가 있어서 상당히 인기가 많다. 인근에 광교공원이 조성되어 있다.

광교산에서 더 동편으로 가서 남쪽으로 흘러내린 물은 옛날에 원천(遠川) 유원지라고 부르던 저수지인 지금의 광교호수 또는 신대호수로 들어갔다가 원천리천을 거쳐 수원천을 만나고 황구지천으로 흘러 들어간다. 원천(遠川)이라는 이름은 수원의 중심지에서 멀리 떨어져 있다는 뜻이리라. 필자는 한때 원천(源泉)이 아닐까라고 생각한 적이 있다. 이 일대는 재개발되어 광교신도시가 되었고 경기도청이 이 지역에 새로 자리 잡았다. 원천 유원지의 옛 모습은 다 없어지고 지금은 이 일대에 '광교호수공원'이 조성되고 깨끗한 고층 아파트 건물들이 들어섰다. 이 지역보다 더 동편에서 남쪽으로 흐르는 물길은 기흥 근처의 신갈저수지에 모였다가 신갈천을 거쳐 동탄을 지나 오산천(烏山川)으로 들어가서 진위천을 만나게 된다.

이 지역의 동편에는 오늘날에 용인시가 있는데, 이 지역의 물줄기는 경안천(慶安川)을 이루어 계속 동쪽으로 흘러 경기도 광주(廣州) 지역을 통과하고 남한강에 합류하여 팔당호로 들어간다. 북한강과 남한강이 합쳐지는 곳이 '경기도 양평군 양서면 양수리(兩水里)'이고 일명 '두물머리'라고도 부른다. 경안천은 북한강과 남한강에 비해 팔당호로 유입되는 수량이 두 거대 하천에 비해 턱 없이 부족하지만, 수도권 상수원인 팔당호로 유입되는 하천이다. 덕분에 경안천 근처는 상수원보호구역으로 개발 제한이 상당히 걸려있다.

광교산 남서쪽 외곽에는 칠보산이 있어 낮은 구릉지를 이룬다. 시가지에 가까이 있는 칠보산은 수원시 권선구, 화성시 매송면, 안산시 상록구에 걸쳐 있는 높이 약 240m의 야산이다. 전설에 의하면 산삼, 맷돌, 잣나무, 황금 수탉, 호랑이, 사찰, 장사, 금의 8가지 보물이 있어 팔보산(八寶山)으로 불리다가, 황금 수탉이 없어져서 칠보산이 되었다고 한다. 이 칠보산을 넘어가면 어천저수지가 있는 화성시 매송면이 나온다.

수원시의 동남 지역은 평택, 안성으로 이어지는 너른 평야가 있어서, 여러 도시의 시가지가 형성되어 있고 수도권 근교의 농산과 원예 등에 큰 도움이 되고 있다. 수원시 시가지 중앙에는 해발 143m의 팔달산이 있어 수원화성 성곽이 둘러 있으며 문화재가 곳곳에 있다. 수원 화성은 1997년 유네스코 세계문화유산에 등록되었다. 팔달문(남문), 화서문(서문), 창룡문(동문), 장안문(북문) 등의 4개의 누문(樓門), 작약으로 유명한 화령전, 7개의 수문이 있는 화홍문, 방화수류정, 정조가 군사를 지휘했었던 지휘통제실인 서장대, 군사 훈련장인 연무대, 조선시대 통신수단이었던 봉수대인 봉돈(烽墩) 등이 있다. 수원시 시가지 근처에 장안공원과 팔달공원 등 두 곳의 공원이 조성되어 있다. 또한 정조의 임시처소였던 화성행궁이 있다.

화성행궁은 1789년, 정조 13년에 수원 팔달산 동쪽 기슭에 건립한 행궁(行宮)이다. 처음에는 수원부 관아와 행궁으로 사용되다가 1794년에서 1796년에 걸쳐 진행된 화성 축성 기간에 화성행궁을 확대하여 최종 완성되었다. 정조는 부친인 사도세자의 원릉(元陵)인 현륭원(현재의 융릉)을 여러 차례 참배하였으며, 이 기간에는 화성행궁에서 유숙하였다. 건립 당시에는 600여 칸으로 정궁 형태를 이루고 있었다. 우리나라 행궁 중 가장 규모가 크고 아름다웠으며, 정조가 모친 혜경궁 홍씨의 회갑연을 열었던 궁이기도 하다. 일제의 민족문화와 역사 말살 정책으로 인해 사라져 버렸지만, 1980년대 지역 시민들이 복원추진위원회를 구성, 꾸준하고 적극적인 복원 사업을 펼친 결과 복원이 완료되어 2003년 일반에게 공개하기에 이르렀다.

수원은 갈비와 통닭의 고장으로 유명하다. 수원에 수원 화성을 축조한 정조는 수원이 자립 도시로 기능할 수 있도록 군량을 충당하기 위해 요지에 설치한 땅인 둔전(屯田)을 경영했다. 농민들에게 종자와 소를 나눠주고, 농사를 짓게끔 했다. 수확기가 되면 수확의 절반을 거둬들이고, 소는 3년에 한 마리씩 갚게 했다. 이후 이 지역에서 소의 숫자가 늘어나면서 거래 장소가 필요해지자 수원 화성 안팎에 우시장이 하나둘 생겨났다. 수원에서 장이 열리는 날 우시장에는 소 장수와 농민들로 북새통을 이루게 됐는데, 이 시기부터 수원은 소 도축량의 증가로 자연스럽게 한우 갈비가 수원의 식문화로 자리를 잡았다. 수원과 화성 지역에서 나는 한우 암소 갈비로 참기름과 소금으로 간을 해서 내는 양념갈비로 유명하며, 갈비가 길고 커서 흔히 수원 왕갈비라고 불린다.

수원은 물의 근원일 뿐 아니라 동서남북 사면이 모두 도로로 둘러싸여 있다. 그 도로는 각각 용인서울고속도로(동), 봉담-과천로(서), 영동고속도로(남), 수도권제1순환고속도로(북)이다. 또한 수원은 경기도 남부의 교통중심지로 경부고속도로, 영동고속도로, 용인서울고속도로가 분기 내지 합류하고 있다. 경부고속도로는 수원시 근방인 용인시 기흥구를 지난다. 국도 제1호선, 제42호선, 제43호선, 지방도 제309호선이 수원을 통과한다. 수원과 인천광역시 송도역을 연결하는 수인선은 협궤철도로 1937년에 개통되었으나, 경제성이 낮아 1995년 선로가 철거되었으며, 2009년 오이도-인천 구간이 재개통되었다. 2020년부터 한대앞역-수원역 구간이 개통되어 지하철 분당선과 수인선을 바로 연결하여 수인분당선을 운행하고 있다. 전철로는 양재역을 지나는 신분당선, 탄천을 따라가는 수인분당선, 정조의 수원화성 행차 길을 따라가는 수도권 전철 1호선이 수원과 연결되어 있다. 향후 인덕원-동탄 복선전철, 수원 도시철도 1호선, 수도권 광역급행철도(GTX) C노선, 신분당선 호매실 연장분이 착공 및 개통될 예정이다.

19
금정과 합정

　　　　　　필자가 평생 제일 오래 살았던 산본 지역에 전철(지하철) 1호선과 4호선이 교차하는 금정역이 있다. 1호선만 다닐 때는 명학역 다음에 바로 군포역으로 금정역은 있지도 않았는데, 4호선이 뚫리면서 그 교차점에 환승역으로 금정역이 생겼다고 한다. 필자가 산본에 살 때, 역 이름이 왜 금정이 되었을까를 생각해 보았다. 금정은 옷깃 또는 옷고름을 의미하는 금(衿)자와 우물 정(井)자가 합쳐진 단어이다. 아마 옛날에 이 근처에 우물이 있었는데 아낙네들이 물길을 때나 빨래할 때 옷고름이 흠뻑 젖을 정도로 물이 풍부하지 않았나 생각된다. 수원(水原) 지역에서 서북 방향으로 흐르던 물이 지하에 스며들었다가 지상으

로 분출한 것이리라. 이 물줄기는 안양을 거쳐 목동 근처에서 한강으로 합류한다. 그 어간에 금천(衿川)이란 지명이 있었고, 오늘날에는 행정 구역 이름으로 쓰이고 있다. 부산에 가면 금정산(金井山)이나 금정구가 존재한다. 일본에는 '이마이'라고 읽는 금정(今井)이라는 성씨가 있다. 안양시와 군포시에는 일본의 성(姓)과 유사하다고 느껴지는 지명이 좀 있다. 평촌(坪村)이란 지명은 일본어 이름 '히라무라(平村)'를, 산본(山本)은 '야마모토'를 연상시킨다. 일본어 사전을 찾아보니 '야마모토'는 산기슭이나 산의 소유주 또는 광산의 소재지 또는 그곳의 경영주를 의미한다는데 보통 한자로 산원(山元)이라고 쓴다. 금정역 근처에 전철역 이름 또는 동명으로 당정(堂井)이 있다. 아마도 옛날에 그 동네 우물 근처에 성황당(城隍堂)이나 신당(神堂)이 있지 않았을까 생각된다.

산본이 속해 있는 시의 이름이 군포(軍浦)이다. 서울(한양) 밑에 있는 요충지라 군대가 주둔했으리라는 생각은 쉽게 하겠다. 그런데 지명에 마포(麻浦), 반포(盤浦), 영등포(永登浦)에 들어가는 포(浦)라는 말이 들어간다. 포(浦)란 강이나 내에 조수가 드나드는 곳이라고 사전에 뜻풀이가 나온다. 순우리말로 개라고 한다. 이 지역에 큰 내가 형성되어 있어서 한강으로 연결되어 있었나 보다. 그래서 군포에는 요즘으로 치면 해병대가 주둔하고 있지 않았을까 생각해 본다. 노량진(露梁津)이나 양화진(楊花津)같이 배를

대는 나루가 있었을 것이다. 양화진을 때로는 한자로 양화진(楊花鎭)이라고 써서 군이 주둔하고 있는 진지(陣地)임을 표시하고 있듯이 옛날에 군포에는 별동부대 같은 군부대가 있었을 것으로 추측된다. 아마도 이 부대는 후방에 있다가 유사시에 전격적으로 출동하여 적이 거기에 있는 줄도 몰랐던 상태에서 적을 섬멸하는 특공대가 아니었을까 짐작된다.

서울의 서부인 요즘의 양화대교 근처에 가면 지하철 2호선과 6호선이 교차하는 합정역(蛤井驛)이 있다. 조개, 큰 두꺼비, 개구리를 의미하는 합(蛤)과 우물 정(井)이 어우러진 단어이다. 아마도 옛날에 이 지역에 우물이 있었는데 그 근처에서 두꺼비가 발견되지 않았을까 싶다. '합정역 5번 출구'라는 대중가요를 들어보면 '합치면 정이 되는 합정인데'라는 가사가 나오는데 여기서는 원래의 합정(蛤井)을 합정(合情)으로 다르게 한자로 풀어쓰고 있다. 근처에 절두산 천주교 순교 성지와 양화진 외국인 선교사 묘원(墓園)이 조성되어 있다. 이 일대는 홍대 입구에 있는 젊은이의 거리가 이 지역으로 확장되어 새로운 시가지를 형성하고 공연장이나 카페가 많은 문화의 거리로 탈바꿈하고 있다. 여기서 더 북쪽으로 가면 경기도 고양시에 화정(花井)이라는 지명이 있다. 아마도 어느 우물 근처에 꽃이 흐드러지게 피어 있었나 보다. 복숭아꽃, 살구꽃, 아기 진달래나 매화, 벚꽃을 기대하는 건 사치일까? 그곳이 화정(花井)이 아니고 꽃이 있는 정자라는 뜻의 화정(花亭)이라도 좋다.

    필자가 지금 살고 있는 잠실에서 분당 쪽으로 가다 보면 문정(文井), 복정(福井) 등의 지명이 나온다. 분당 지역에서 북쪽으로 흘러 한강으로 들어가는 탄천(炭川)의 물이나 남한산성에서 내려오는 물줄기 일부가 지하로 스며들어 우물을 형성하였을 터인데 우리 조상들이 그 이름을 아주 멋지게 지었다. 복정(福井)이란 말은 일본에서 성씨로 쓰이는데 '후쿠이'라고 읽는다. 문정(文井) 지역은 패션 산업을 일으켰는데 일명 로데오거리라고 부른다. 두 지역 사이에 장지(長旨)라는 역(驛) 혹은 동(洞)이 있다. 필자의 생각으로는 원래 장지(長池) 즉 '긴 연못'이 주위에 있었다고 추정되는데, 어느새 지명이 '긴 맛'으로 바뀌었다. 이 일대에 건물을 많이 지어 법원, 검찰 같은 관공서, 회사, 쇼핑몰 등이 들어섰다. 장지동에 입주한 회사에서 차량 유지관리 업무를 하는 필자 연배의 고향 일가친척이 한 명 있어서 가끔 그곳에 놀러 간다. 그 친구는 나이가 있지만 아직 현직에 있다고 자랑하고 힘 있을 때까지 오래오래 다니겠다고 말한다. 그에게서 오는 문자 메시지에 퇴근한다는 뜻으로 '장지도 나간다'라는 말에서 모든 받침을 빼고 보낸다. 그런 문자가 오면 이를 본 친구들은 모두 키득키득 웃는다.

한반도 중부의 고원지대인 철원에 가면 월정리역(月井里驛)이라는 경원선의 옛 철도역이 있다. 거기에도 우물이 있었나 보네. 물이 흐르는 것은 그 밑의 지질 환경의 영향을 받는다. 어느 지점에서는 강이 북쪽으로 흐르고, 어디에서는 남쪽으로 흐른다. 보이는 것이 전부가 아니고 그 저변의 현상을 생각해 보아야 한다. 이러한 관점을 철학이나 사회학에서 구조주의(構造主義)라는 말로 표현하고 있다. 사전을 찾아보면 구조주의는 사회적 또는 문화적 현상을 각각의 요소가 아닌, 심층적인 구조의 틀 속에서 파악하려고 하는 지적 경향이라고 한다. 인류학, 언어학, 심리학에서 이 이론을 연구하고 있다. 영어로 구조주의는 structuralism인데, 구조인류학(structural anthropology), 구조 언어학(structural linguistics), 구조 심리학(structural psychology) 등의 용어가 파생되었다. 이 이론에 심취하면 사회적인 현상 중 하나인 실업(unemployment) 현상을 구조주의적 관점에서 파악한다.

20
고래논과 천수답

필자가 어려서 농사짓기에 좋은 논을 고래논이라고 한다는 말을 들었다. 그 당시에 농사짓기에 좋은 논은 물이 있는 논을 의미하였다. 모내기 때부터 어느 정도 벼가 익을 때까지 논에 물이 있으려면 주위에 반드시 샘이 있어야 했다. 왜 그런 논을 고래논이라고 했을까? 의문이 들었었는데 50여 년 전에 채록한 바에 따르면 울산시에 전해 내려오는 이야기에 기인한다고 한다. 옛날에 울산에 살던 어부가 고기잡이를 하러 바다에 나갔는데, 갑자기 큰 물결이 일어나더니 자신이 고래에게 먹히고 말았다. 고래의 배 안에서 깨어난 어부는 살기 위해 발버둥을 치던 중 가지고 있던 낫으로 고래의 뱃가죽을 찔렀다. 고래

뱃가죽이 찢어지면서 그는 고래 밖으로 구사일생으로 나올 수 있었다. 육지로 살아 돌아온 어부는 마을 사람들과 함께 큰 고깃배를 타고 고래를 찾아 나서서 핏빛으로 물들어 있는 바다에서 죽어 있는 고래를 발견하였다. 죽은 고래는 초가삼간 다섯 채를 합한 만큼 컸다. 그는 배로 고래를 육지에 끌고 와 팔아서 그 돈으로 물이 넉넉해 농사짓기에 좋은 논 세 마지기를 샀다. 그 후 그가 산 논을 '고래논'이라고 부르게 되었다.

이와는 반대되는 말이 천수답(天水畓)인데, 벼농사에 필요한 물을 하늘에서 떨어지는 빗물에만 의존하는 논을 말한다. 저수지나 강으로부터 물을 끌어대거나 지하수를 이용할 수 있는 시설이 전혀 없는 지역의 논으로서, 근래 한국은 수리개발사업(水利開發事業)을 꾸준히 추진하여 천수답의 면적이 크게 줄었다. 천수답은 모내기 철에 충분한 비가 오지 않으면 모내기가 늦어지기 때문에 늦심기가 되기 쉽고, 모를 낸 후에도 가뭄에 의한 피해가 있어서 안정된 수확량을 기대하기 어렵다. 수리시설을 확충하거나 논 이외의 다른 용도 즉 밭벼를 심거나 비닐하우스를 이용하여 채소나 과일을 재배함으로써 천수답을 효율적으로 이용하려고 노력한다. 봄철의 가뭄은 보내기 등 농사에 치명적이다. 비가 오지 않으면 관정(管井)을 뚫는다고 야단이다. 어느 곳에는 우물을 파면 물이 잘 나오는데, 어디는 아무리 깊게 파도 물 구경하기가 어렵다. 요즘에는 기계로 굴착(掘鑿)하여 쉽게 우물을 발견하고 물을 퍼 올린다. 그러나 물이 나오는 데 실패한 관정을 그대로 방치하면 나중에 우수(雨水)가 흘러들어 지하수를 오염시킨다고 그런 곳을 방치하지 말고 틀어막으라고 해당 관청에서는 열심히 계도(啓導) 활동을 펼친다.

영어로 논을 paddy field라고 하는데, paddy는 '벼'를 뜻하는 말레이어 padi에서 유래되었다고 한다. 논은 물에 잠긴 채로 있는 농경지로, 한자로 '물 아래에 있는 밭'이라는 뜻으로 답(畓)이라고 쓴다. 논에서는 주로 벼 같은 수생식물을 재배한다. 밭벼의 경우처럼, 벼는 원래 건조한 땅에서도 재배할 수 있었지만, 20세기부터 논에서 재배하는 것이 벼농사에서 우위를 차지하였다. 논은 주로 벼를 재배하는 아시아 지역의 국가에서 많이 볼 수 있지만, 이 지역 외에도 벼를 재배하는 지역인 이탈리아의 피에몬테주, 프랑스의 카마르그, 미국의 캘리포니아주에서도 볼 수 있다.

논은 주로 하천이나 늪지대에 만들어진다. 가파른 산허리에 계단식으로 논을 조성한 곳도 있는데 여기서는 많은 노동력과 자원이 소요된다. 논이 있는 들판을 관개하는 데에는 물이 많이 필요하다. 범람하는 물의 공급이 벼의 성장에 가장 중요하며, 물이 여러 잡초의 성장을 억제하는 것도 벼의 성장에 유리한 환경을 제공한다. 벼농사는 대량의 메탄가스(CH4) 발생으로 인해 환경에 악영향을 준다. 메탄가스로 인한 온실가스의 발생 수준은 지구 온난화라는 위협을 가져올 정도의 수준을 차지하고 있다. 최근 연구에 의하면 논은 중간에 물 대기를 떼는 물때기를 통해 농작물의 생산성이 향상되는 동시에 메탄 발생량을 크게 줄일 수 있다.

옛날에는 논이었을 서울 성동구 왕십리(往十里)와 동대문구 답십리(踏十里) 일대가 오늘날에는 모두 주택가나 상가로 바뀌고 지하철이나 전철이 다닌다. 신답(新踏)이니 용답(龍踏)이라는 역명이 존재한다. 답(踏) 자는 다리 족(足) 변에 논 답(畓)인데 논이 있는 벌을 직접 다리로 걸어서 돌아본다는 뜻이다. 오늘날도 각종 모임에서 어디를 가게 되면 실무진들이 미리 해당 지역을 답사(踏查)한다.

필자의 고향인 경기도 파주시 적성면 무건리는 산골로서 마을에서 사용하는 우물물을 댈 수 있는 논이나 샘물이 솟아나는 논배미 근처의 논을 제외하고는 모조리 천수답이었다. 이런 환경에서 농사를 지어온 필자의 부친이나 조부는 모낼 때가 되면 논에 물을 끌어오는 일이 큰일이었다. 개울에 보를 막아 물을 모으고 우리 논까지 수로를 뚫어야 했고, 가뭄이 깊어지면 양동이를 들고 들에 나가 물을 퍼서 논에다 부어야 했다. 그런 고향이 군부대에 훈련장으로 수용되고 10대 이상을 살아온 고향을 떠나 외가와 연고가 있는 파주시 월롱면 덕은리로 이주하였다. 옛날에 살던 곳보다 더 넓은 지역으로 옮겨오게 되었으나, 정부의 적은 토지보상금으로는 동네 산 밑에 있는 천수답을 마련할 수밖에 없었다. 새로 이사 온 지역에는 벌에 수리시설이 설치되어 있었으나 부친은 수리조합이 있는 지역에서 천수답 농사를 지어야 하는 지경이 되었다. 필자가 6년여 만에 미국 유학에서 돌아오니까 산 밑에 있던 논들이 모두 수리조합 물이 들어오는 들판의 논들로 바뀌어 있었다. 그 뒤에 마을 뒷산에는 대기업의 디스플레이 제조공장이 들어서고 포장된 진입로가 넓게 뚫렸다. 개발 소식을 미리 입수한 사람들이 가격을 잘 쳐줘서 천수답을 몽땅 사들이고 그 대금으로 천생 농사꾼이셨던 부친은 수리조합의 물이 들어오는 절대농지인 논을 샀다.

경작지로 물을 끌어 농사를 짓는 수리 사업 혹은 치수 사업은 인류의 문명을 바꾸어 놓는 일대 사건이었다. 미국의 서부 캘리포니아 지역에서는 로키산맥의 얼음 녹은 물을 관개하여 사막과 같은 캘리포니아 분지를 옥토로 만들었다. 이스라엘은 요단강 물을 상류에서 끌어들여 별도의 수로를 통하여 하류 지역에 물을 공급하여 사막 지역에서 농작물을 재배하고 있다. 남부 프랑스나 이탈리아에 가 보면 옛날에 건설한 수도교(水道橋) 유적을 곳곳에서 볼 수 있는데 이는 로마제국 시절에 건설했다고 한다. 물은 위에서 아래로 흐르고 수평으로 퍼져 나간다. 만약 수로(水路)가 수평(水平)이 맞지 않으면 물은 더 이상 흐르지 못한다. 수로는 약간의 내리막 경사를 갖고 앞으로 나아가야 한다. 그렇지 않으면 중간에 에너지를 들여 펌프로 물을 높은 곳으로 퍼 올려야 한다. 그리고 중간에 누수가 되지 않아야 목표 지점까지 물이 전달된다. 수로의 누수를 막기 위한 별도의 공사를 해야 한다.

우리나라도 까마득한 옛 왕조 시절부터 저수지와 수로 건설에 노력하였다. 수원 지역에 있는 만석거(萬石渠)도 그 한 예이다. 일제 시절에 수원군(水原郡) 일형면(日荊面)과 의왕면(儀旺面)을 합쳐서 일왕면(日旺面)으로 행정 구역이 개편되면서 '일왕저수지'로 부르기도 했다. 현재는 의왕시(義王市)에 있다. 만석거는 30여 년 전에 만석공원 조성으로 저수지 일부가 매립되어 원래의 규모보다 많이 축소되었지만, 현재는 만석공원으로서 시민들의 쉼터로 이용되고 있다. 만석거는 조선 정조 때 축조되었으며 오늘날에는 용수원으로 이용되고 있다. 정조는 수원화성을 축성하면서 이 성을 중심으로 동서남북에 네 개의 저수지를 축조하였는데, 북쪽에 조성한 것이 만석거이다. 정조의 네 개의 저수지 중에서 동쪽에 축조한 저수지는 오늘날 그 흔적을 찾을 수가 없다. 남쪽에 축조한 저수지는 사도세자 묘역인 화산(花山) 현륭원(顯隆園) 앞의 만년제(萬年堤)이고, 서쪽에 축조한 저수지가 축만제(祝萬堤)인데 오늘날 서호(西湖)라고 불린다. 이 저수지들은 수원성인 화성(華城)을 수축하면서 장용위(壯勇衛)를 설치하게 되자 사관과 병졸들의 급료나 기타 경비를 충당하기 위해 화성둔전(華城屯田)에 물을 대려고 판 것이었다.

수원화성 축성 도중에 극심한 가뭄이 들자, 정조는 화성 공사를 중지하고 가뭄에 대비한 구휼(救恤) 대책과 농가의 이로움, 수원화성 운영 재원 마련을 위해 황무지 위에 만석거를 조성하였다. 만석거는 당대 최신식 수문과 수갑을 설치하였으며, 여기에 모인 물을 농업용수로 이용하여 대규모 농장인 북둔(北屯)을 설치하였다. 저수지 가운데에 작은 섬을 두어 꽃과 나무를 조화롭게 심었고 호수에는 연꽃을 심었으며, 호수 남단의 약간 높은 곳에는 영화정(迎華亭)을 세워 만석거 부근을 조망할 수 있도록 배치하였다. 누렇게 익은 벼가 황금물결을 이루는 풍경은 '석거황운(石渠黃雲)'이라 하여 수원 추팔경(秋八景) 중의 하나로 손꼽힌다.

왕송(旺松) 호수는 의왕시 남쪽에 있는 호수로서 의왕(儀旺)과 화성시 매송면(梅松面)에서 한 글자씩 따 와서 작명하였다고 한다. 해방 후인 1948년 황구지천 하천 유역 농경지에 농업용수를 확보하기 위한 목적으로 건설되었다. 하류의 지역들이 모두 도시화 되면서 농업용으로는 덜 쓰이게 되고 주로 관광지로 역할하고 있다. 한때 주변에서 폐수가 많이 유입되어 농업용수로서 기능을 상실했는데, 하수종말처리장이 가동되면서 수질개선이 이루어져 여러 종류의 철새들이 찾아와 철새들의 낙원이 되었다. 호수를 찾는 주민이 늘어나면서 이 일대를 환경생태공원으로 꾸며 토종 꽃과 식물을 심어 자연학습공원을 조성하였다. 주변에 철도박물관, 백운호수, 청계사 등의 관광지가 있고, 지하철 1호선 의왕역에서 편리한 교통 때문에 관광객이 늘고 있다. 수면이 넓어 호반의 정취를 느낄 수 있으며, 붕어나 잉어 등이 많이 잡혀 낚시터로 널리 알려졌으나, 지금은 낚시 금지구역으로 지정되었다.

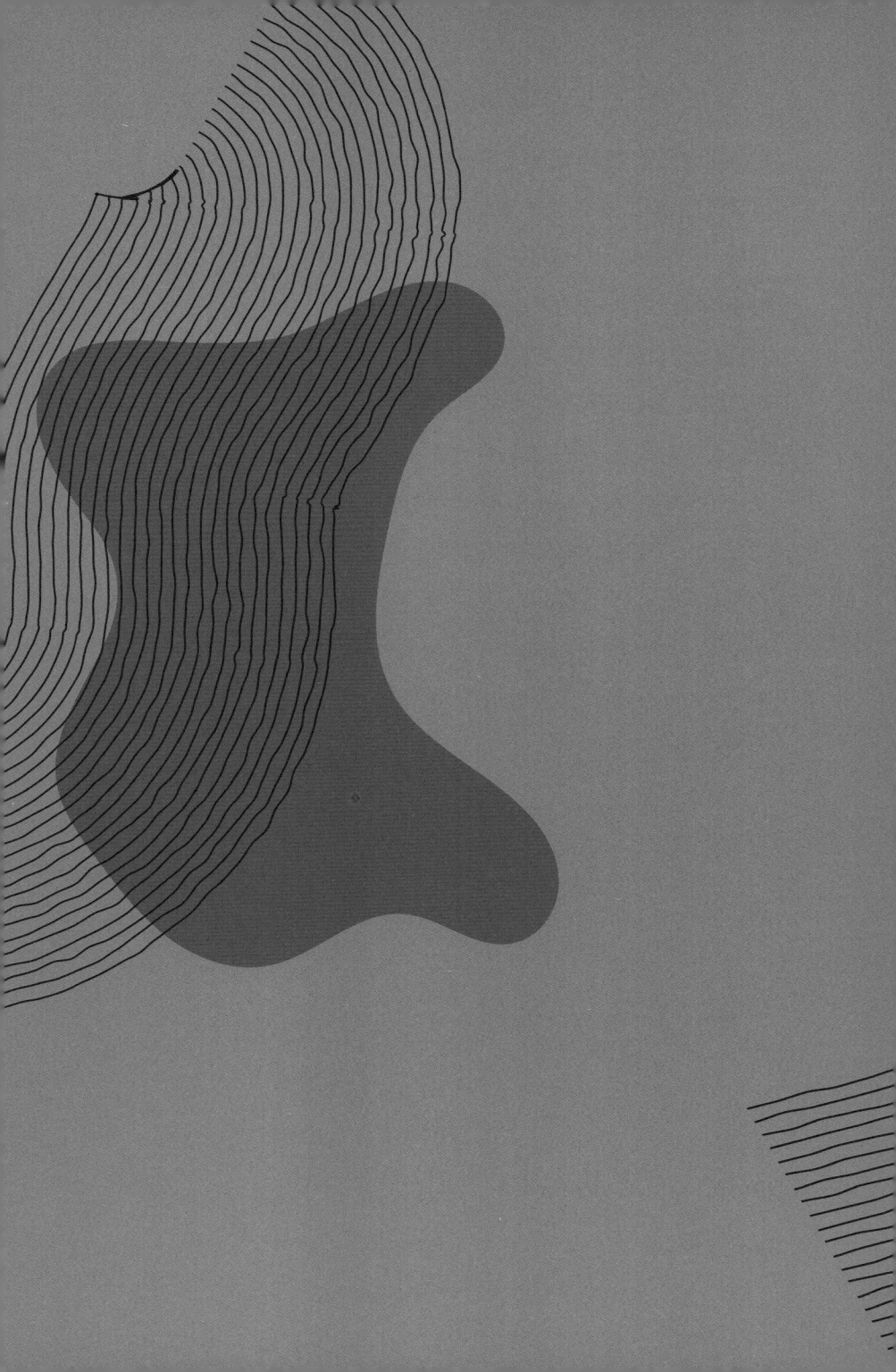

21
예루살렘

　　예루살렘(Jerusalem)은 팔레스타인 지방의 중심부로 지중해 연안 평야와 요단강 계곡 사이에 자리하고 있다. 예루살렘은 사해의 북쪽에서 약 28km 떨어져 있고 유대 산맥 언저리에 해발 780m에 위치하며, 동쪽으로는 기드론 골짜기와 남쪽으로는 힌놈 골짜기의 가운데 솟은 구릉에 있다. BC 약 3,000년 이후로 사람들이 마을을 이루어 살고 있다고 추정된다. 예루살렘은 산악 지형이 가진 장점을 살려 외부 침입을 쉽게 막을 수 있는 성채를 중심으로 서서히 도시의 윤곽이 잡혀갔다. 예루살렘은 아브라함으로부터 생겨난 세 가지 종교인 기독교, 유대교, 이슬람교의 성지이다. 이 도시를 두고 오늘날 이스라엘과

팔레스타인 자치정부 사이에 분쟁이 있다. 예루살렘은 동서로 나뉘어져 있는 상태이다. 이스라엘의 경우 예루살렘을 수도로 삼고 있으나, 국제사회에서 이를 인정하지 않고 있어서 텔아비브가 사실상 수도 역할을 하고 있다. 예루살렘은 히브리어로 '평화의 마을'을 뜻한다. 예루살렘의 어원에 대해서는 여러 가지 설이 있는데 고대 가나안 신앙에 등장하는 평화의 신인 살렘을 모시는 사원이 있었기 때문에 유래된 것으로 추정된다. 성경 창세기 14장에 보면 하란 지방에서 이주해서 가나안 지방에 정착하려는 아브라함에게 살렘(Salem) 왕 멜기세덱이 축복한다는 이야기가 나온다. 예루살렘의 아랍어 이름인 알꾸드스는 아랍어로 '신성한 도시'를 뜻한다. 알꾸드스라는 지명은 9세기에 모슬렘 세력이 예루살렘을 정복한 뒤에 처음으로 등장했다.

옛날부터 예루살렘 주민들은 가나안 사람들이었는데, 그들에게 일신교 신앙이 있었고 이것이 이스라엘 사람들을 통하여 여호와 중심의 독특한 신앙으로 발전했다고 보고 있다. 성경 창세기 22장에 보면 아브라함이 그의 외아들 이삭을 번제로 드리러 모리아 산으로 가는 이야기가 나오는데 그 모리아 산 자리가 오늘날 예루살렘이라고 보고 있다. 또 창세기 23장에 따르면, 하란 땅에서 와서 가나안 지방에 정착한 아브라함이 아내 사라가 죽자, 헤브론의 굴을 매장지로 샀다고 나온다. 아브라함의 후손들은 이 지역을 중요한 자리로 생각하였다. 모세의 인도로 이집트에서 나온 이스라엘 백성들은 광야에서 방황하다가 여호수아에 이르러 가나안 땅으로 들어갔다. 이스라엘 백성의 중심 세력이었던 갈렙은 헤브론을 우선 할양받고 그가 속한 유다 지파는 이 근방을 기업으로 배분받았다. 성경 사무엘하 5장 6~10절 등에 의하면, 유다 지파인 다윗 왕이 구릉에 있는 '시온성'이라 불리던 도시를 정복하고 유대인들은 이곳을 '다윗성'이라 불렀다. 이때가 대략 BC 10세기경으로 추정된다. 다윗의 영도 아래 예루살렘은 통일왕국의 수도가 되고 역사의 중심 무대에 등장한다. 다윗이 죽은 후 그의 아들 솔로몬 왕은 예루살렘에 왕궁과 성전 및 성채를 새로이 건설하고 언약궤를 신전 안에 보관하였다고 열왕기상 6장~8장에 기록되어 전해진다. 솔로몬이 세상을 떠나자, 이스라엘 왕국은 남북으로 갈리고, 예루살렘은 남조(南朝) 유다 왕국의 수도가 되었다.

예루살렘이 있는 산지는 여호수아 18장 11~20절에 의하면 원래 베냐민 지파에게 분배된 지역이었다. 중앙산지를 남북으로 가로 지나가는 '분수령 길'의 동편에 있는 예루살렘에서 가장 모자라는 요소는 비옥한 농경이다. 다윗이 이러한 예루살렘을 이스라엘의 수도로 선택한 배경은 다음의 네 가지 요소로 지적될 수 있다. 무엇보다 중요한 제1의 조건은 예루살렘의 급수원이다. 예루살렘은 기드론 골짜기 안에 있는 기혼샘과 엔로겔이라는 두 수원에서 식수를 공급받았다. 예루살렘이 확장되고 인구가 증가하기 시작하면서 빗물을 모아 저장하는 저수 시설이 사용되기 시작하였다. 두 번째 요인은 외적의 침입을 방어하기 쉬운 전략적 측면이다. 예루살렘의 북쪽을 제외한 세 방면은 자연 방어선 역할을 하는 계곡들로 둘러싸여 있다. 북쪽은 계곡과 같은 자연적인 방어선이 없이 직접 산지와 연결되어 있다. 세 번째 요소는 편리한 교통로이다. 이스라엘 내의 중요한 남북 간선도로와 동서 간선도로가 이 지역에서 교차한다. 이런 간선도로의 교차점이라는 이점으로 인하여 예루살렘은 다른 불리한 지리적 여건을 극복하고 정치, 행정, 종교의 중심적 도시로 성장하였다. 네 번째 요소는 예루살렘이 이스라엘 지파 간의 이해관계가 없는 도시라는 점이다. 다윗이 점령할 당시 예루살렘은 가나안의 여부스가 차지하고 있었다. 곧 이곳은 이스라엘의 지파에게 분배되지 않은 중립적 성격의 도시였다. 다윗이 이 지역을 수도로 정한 것은 이스라엘 여러 지파 간에 생길 수 있는 갈등을 배제하려는 의도가 담겨있었다고 볼 수 있다. 이 도시의 이름이 초기에는 '다윗성'이라고 했는데, 이것은 이 도시가 다윗 개인 소유임을 강조한 명칭이었다. 다윗의 정치적 입지가 공고해진 이후 '예루살렘'이라는 공식적인 이름으로 바뀌었다.

예루살렘은 사면이 모두 산으로 둘러싸여 있다. 예루살렘 주변에 있는 산들을 살펴보면 다음과 같다. 원래의 예루살렘이 있었던 곳은 약 660m 높이의 '시온산성'이다. 이곳은 아브라함에게 빵과 포도주를 제공하였던 살렘왕 멜기세덱의 거처였으며 다윗이 점령하여 '다윗성'이라고 개명한 여부스의 요새였다. 시온산 북쪽에 모리아 산이 있다. 다윗이 통치하던 시대에 이곳은 여부스 사람의 타작마당이었는데 다윗이 이를 사서 번제 제단으로 삼았다. 솔로몬은 이곳에 장엄한 예루살렘 성전을 건축하였다. 시온산의 서쪽에는 '서산'이라는 765m 높이의 언덕이 있다. 예루살렘 동편의 기드론 골짜기 건너편에는 810m 높이의 '감람산'이 있다. 예수는 생애의 마지막 주간을 예루살렘에서 보냈는데 그동안 감람산을 자주 찾았다. 감람산 밑에 있는 겟세마네 동산은 십자가를 지기 전의 마지막 기도 장소였다. 부활한 예수는 감람산 정상에서 제자들이 보는 가운데 하늘로 승천하였다. 오늘날 감람산과 그 주변에는 예수의 마지막 생애와 관련된 기념교회들이 여럿 있어서 관광객을 끌고 있다.

예루살렘 주변에는 삼면으로 마치 삼지창 모양의 세 개의 골짜기에 의하여 둘러싸여 있다. 세 골짜기의 물은 다윗성 남쪽 부분에서 만나 유다 광야 쪽으로 흘러 내려가 사해로 유입된다. 예루살렘 서쪽에는 L자 모양으로 휘어져 있는 '힌놈의 골짜기'가 있다. 이곳에서 예루살렘에서 버려진 쓰레기를 태워서 항상 불과 연기로 가득 차 있어서 힌놈의 골짜기는 사람들에게 지옥의 모습으로 인식되었다. 삼지창 모양에서 가운데에 해당하는 골짜기는 서산과 시온산 사이를 가로지르는 남동 방향의 골짜기이다. 삼지창 모양에서 가장 오른쪽에 있는 골짜기는 '기드론 골짜기'이다. 예수는 마가의 다락방에서 최후의 만찬을 마치고 제자들과 함께 이 골짜기를 건너 겟세마네로 가서 기도하였다.

예루살렘의 급수 문제는 샘과 물 저장 시설과 인공 연못 등으로 해결하였다. 다윗성 아래의 기드론 골짜기에 있는 '기혼샘'은 예루살렘의 급수원 중에서 가장 중요한 곳이다. 기드론 골짜기와 힌놈의 골짜기가 만나는 지점에서 얼마 떨어지지 않은 남쪽에 '엔로겔' 샘이 있다. 앗수르의 공격을 방비하기 위한 준비로 히스기아 왕은 기드론 골짜기의 기혼샘 입구를 막고 다윗성 바로 밑을 통과하여 예루살렘 성내에 이르는 약 480m 길이의 지하수로를 건설하였다. 이 지하수로를 오늘날 '히스기야의 수로'라고 부른다. 역대하 32장에 의하면 이 수로의 완성으로 유다는 앗수르 군대의 침입과 예루살렘 포위 공격에도 불구하고 안정적으로 식수를 공급받을 수 있었다. 이 수로의 마지막 부분에 마련된 인공연못이 '실로암'이다. 요한복음 9장에 보면 실로암은 예수가 눈먼 자의 눈에 진흙을 바르고 그를 보내어 이 물에 눈을

씻게 함으로써 그의 눈을 고쳐 준 곳이기도 하다.

    예루살렘이 있는 유다 산지는 일종의 '닫힌 지역'이다. 산지의 서쪽은 다섯 개의 계곡들로 구성되어 있는데 비옥한 지역이다. 해안에 사는 강한 블레셋 민족은 항상 이 지역을 장악하려 했으나 고도가 800m나 되는 유다 산지에서 블레셋의 철병거(鐵兵車)는 힘을 쓰지 못하였다. 유다 산지의 동쪽은 막막한 유다 광야와 가파른 요단강 계곡이 있어 천연요새 역할을 한다. 그리고 남쪽에는 네게브 광야가 있다. 네게브 쪽의 유다 산지는 고도 800m가 넘고 네게브의 산지들도 만만치 않게 높다. 유다 산지 북쪽에는 사마리아 산지와 갈릴리 산지가 있다. 남북으로 분리된 후 북방 이스라엘 왕국은 열린 지역을, 남방 유다 왕국은 닫힌 지역을 각각 통치했다. 유다 왕국은 동족인 이스라엘 왕국과 국경 분쟁을 자주 했지만, 북방 이스라엘 왕국은 남방 유다 왕국을 위해 일종의 방파제 역할을 했다. 외부 적의 공격은 늘 먼저 북방 이스라엘 왕국에 향했고, 그다음이 남방 유다 왕국이었다. 이 덕분에 유다는 에브라임 또는 이스라엘보다 약 140년 늦게 멸망 당했다. 요한복음 4장 22절에 의하면 구원은 유대인에게서 나오므로 메시아가 나오기까지 유다 지파는 하나님의 특별한 보호를 받았다. 이것은 야곱이 창세기 49장 10절에서 예언하였다. '홀이 유다를 떠나지 아니하며 치리자(治理者)의 지팡이가 그 발 사이에

서 떠나지 아니하시기를 실로가 오시기까지 미치리니 그에게 모든 백성이 복종하리로다.'

　야곱의 이 예언을 다르게 분석하면, 실로가 오면 유다의 홀은 끝난다. 여기서 실로는 메시아 곧 예수를 뜻한다. 유다 지파에서 예수가 출생함은 유다 지파의 주된 사명이 끝났음을 암시한다. 이때까지 유다 지파는 하나님의 은총으로 보존되었다. 그러나 이사야 6장의 예언처럼 유대인의 목이 굳어져서 마음이 둔하게 되고 귀가 막히고 눈이 감기게 된다. 메시아를 부정하면 유대인은 하나님 앞에서 존재의 의미를 잃는다. BC 587년 바벨론의 느부갓네살 왕에게 정복되어 유다 백성들은 노예로 바벨론으로 끌려갔다. 1970년대 후반쯤에 팝송 가수 보니엠(Boney M)이 부른 '바빌론의 강가에서(Rivers of Babylon)' 노래는 그 당시 유대인들의 심정을 표현하고 있다. 이 노래의 가사는 주로 성경 시편 137편에서 따온 것이다. BC 537년 바벨론을 멸망시킨 페르시아 왕 고레스의 유화책으로 석방된 유대인들은 예루살렘에 돌아와 성전을 재건하였다. BC 63년 팔레스타인 지역이 로마에 정복된 이래로 하스몬 왕조와 일진일퇴 끝에 BC 37년 로마의 지원을 받은 헤롯이 분봉왕 즉위와 동시에 성전을 개축하였다. AD 70년에 있었던 성전의 파괴는 이미 정해진 하나님의 작정에 따랐다. AD 70년, 135년 두 차례의 유대인의 봉기가 있자 로마는 이 반란을 무자비하게 제압하고 모든 유대인을 예루살렘에서 추방하고 예루살렘을 '이방인의 도시'라 했다. 이로써 유대인들은 디아스포라가 되어 전 세계에 흩어졌다.

　세월이 흘러 기독교를 믿는 사람들의 노력으로 4세기에 기독교가 로마의 국교가 됨에 따라 교회가 많이 세워졌다. 예루살렘 지역이 성지순례 등으로 다시 활기를 띠고, 로마 지역이었던 유럽을 비롯한 지역에 예수를 믿는 사람이 폭발적으로 늘어났다. 638년 아랍의 이슬람교도들이 예루살렘을 정복했으나, 그들은 기독교의 성지를 존중하였다. 이때 이슬람 사원이 솔로몬의 성전 터에 세워졌다. 1099년 제1차 십자군이 예루살렘을 점령하고 이슬람교도와 유대인을 무차별 학살하고 예루살렘 왕국을 세웠다. 이때 유대인과 이슬람교도들의 기독교인에 대한 적대감이 생겼다고 보고 있다. 1187년 이집트의 모슬렘이 예루살렘을 탈환하고 1260년 몽골군이 예루살렘 근방까지 육박했으나 모슬렘이 이들을 몰아냄으로써 이집트 마므룩 왕조의 예루살렘 관할권이 확립되었다. 1516년 튀르키예 모슬렘이 예루살렘을 점령하여 400년 내내 오스만제국이 지배하였다. 1538년에 마지막으로 성벽이 재건되었다. 이 성벽은 예루살렘 구시가지를 형성했는데 19세기 초반에는 유대인, 기독교도, 모슬렘, 아르메니아인 구역으로 나뉘었다. 1853~1856년에 있었던 크림 전쟁 중에 러시아,

영국, 프랑스 사이에 예루살렘 관리권이 논쟁의 초점이 되었다. 제1차 세계대전 중인 1917년 예루살렘은 영국에 점령되어 위임통치령으로 확정되었다. 이후 러시아와 동유럽에 있는 유대인들이 대대적으로 팔레스타인 지역으로 돌아왔다.

1948년 이스라엘의 건국으로 예루살렘은 동(요르단령)과 서(이스라엘령)로 분리되었다. 1967년 6월 제3차 중동전쟁 당시에 이스라엘이 예루살렘 전체를 점령하였다. 1980년 이스라엘 국회인 크네세트는 예루살렘 전체를 '분리될 수 없는 이스라엘의 영원한 수도'로 규정한 법률을 통과시켰지만, 국제적으로 인정받지 못하고 있다. 이스라엘에 있는 각국의 대사관과 대표부는 예루살렘 대신 텔아비브에 있으며 사실상 텔아비브가 이스라엘의 관문 역할을 하고 있다.

22
천로역정

천로역정(天路歷程, Pilgrim's Progress)은 17세기 영국의 작가이자 침례교 설교가인 번연(John Bunyan, 1628~1688)의 작품이다. 당시 독실한 청교도들의 신앙과 신학을 비유 형식의 소설로 설명하고 있다. 목사인 작가 번연이 일반인에게 기독교의 원리를 교육하려고 쓴 일종의 계몽 소설이라고 볼 수 있다. 주인공 그리스도인(Christian)이 '멸망의 도시(City of Destruction)' 곧 멸망을 앞둔 장망성(長亡城)을 떠나서 하늘나라(Celestial City), 곧 천성(天城)을 향하여 여행하는 내용으로 구성되어 있다. 등장인물의 이름을 고집불통(Obstinate), 변덕쟁이(Pliable), 친절(Goodwill), 절망(Despair), 어수룩(Simple), 분별(Discretion), 잔혹(Cruelty), 무신

론자(Atheist) 등으로 짓는 등 우화 형식으로 작가는 소설을 쓰고 있다. 그리고 본문에 등장인물을 묘사하는 삽화를 그려 넣었다. 주인공이 장망성을 떠나 천성(천국)에 이르기까지 겪게 되는 고난을 주제로 하고 있는데, 저자의 생전에 이미 11판까지 나왔고 판마다 1만 부씩이나 인쇄되었다고 한다. 이 부수는 당시로서는 엄청난 숫자였다. 역대 신앙 서적 중에서 성경 다음으로 많이 팔린 베스트셀러였다. '천로역정'은 종교, 우화, 문학을 널리 아우른 역사적인 고전이자 가장 널리 번역된 작품이다. '천로역정'은 작가 번연이 일생을 불살은 책으로서, 사람들에게 뜨거운 감동을 줄 뿐만 아니라, 그리스도인에게 은혜의 개념이 무엇인지 드러내고자 쓴 책이며, 비슷한 경험을 한 사람들에게 큰 위로와 희망을 준다.

'천로역정'은 원래 상하권 2부로 구성되어 있는데 1부는 '그리스도인의 모험', 2부는 '아내와 자녀들의 모험'으로 되어 있다. 상권은 1678년에 런던에서 출판되었으며, 하권은 1684년에 출판되었다. 작가 번연이 영국 국교회파의 탄압으로 처음 투옥되어 12년 동안 감옥에 있었는데, 두 번째 투옥된 1675년에 '천로역정' 원고를 집필하여 완성하였다. 상하권 합본은 1728년에 처음 출판되었다. 또한 1693년에 출판된 '순례자의 길(The Pilgrim's Progress from This World to That Which Is to Come)'은 1852년 재판(再

版)되었다. 책이 1678년 처음 출간된 지 350년을 바라보는데 영어 문체가 오래전 것이라 그동안 나중 세대의 쉬운 영어로 편집되어 독자들에게 읽혔다.

이 소설은 최소한 100개 언어로 번역되었다. 우리나라에는 1895년 캐나다 선교사이자 장로교 목사인 게일(James S. Gale, 1863~1937)이 번역하여 소개하였다. 당시 외래 문학책들이 대부분 중국어나 일본어 원고를 번역하여 소개되었지만, '천로역정'은 원본인 영어 원고를 번역했으며, 한국 근대의 첫 번역 소설이다. 한글 '천로역정'에는 영문판과 유사하게 본문 옆에 삽화들이 있었다고 한다. 그러나 한글 번역 원본의 서명인 '천로역정'을 비롯하여 사용한 인명들이 대부분 한자에 익숙한 세대들이 쉽게 이해할 수 있는 수준이다. 책의 이름이 요즘 말로는 '순례자의 길'이 적절하겠으나 지금도 이 책은 처음 소개된 '천로역정'으로 알려져 있다. 필자는 고등학교 시절에 작가와 책 이름은 배워서 암기하고 있었으나 막상 평생 그 책을 읽어 보지 않았음을 알고, 이번 기회에 중고 서점에서 책을 사서 읽어 보았다.

'멸망의 도시'에 사는 한 남자인 크리스천이 무거운 짐을 지고 '멸망의 도시'에서 나와 '천성'으로 가려고 길을 나선다. 그의 아내는 크리스티나(Christiana)인데 그의 이름 크리스천(Christian) 뒤에 a 자를 하나 덧붙이면 된다. 그의 큰아들은 야고보(James)이고 막내아들은 다윗(David)이다. 그의 딸들 이름은 캐서린(Kathleen)과 레베카(Rebecca)이다. 그는 집을 나선 후 복음전도자(Evangelist)에게 길을 묻지만, 곧 절망의 수렁에 빠지고 도움(Help)을 만나 두려움의 장소인 수렁에서 빠져나온다. 그는 '율법의 언덕'을 지나 문지기인 친절(Goodwill)의 안내를 받아 '빛나는 문'에 들어서고 해설자(Interpreter)를 만난다. 해설자의 집에서 율법의 비질과 은혜의 비질을 경험하고, 물을 붓는 사람과 기름을 붓는 사람을 본다. 마귀는 물을 부어 불 곧 은혜의 역사를 끄려고 애쓰지만, 그리스도는 불 뒤에서 사람들 마음 안에 이미 시작된 은혜의 역사를 더욱 불붙게 하려고 조용하게 기름을 부으며 일하고 있다. 거기서 그는 절망(Despair)을 만나고 가파른 '십자가의 언덕'을 오르면서 등에 진 무거운 짐이 벗겨진다.

그 뒤 크리스천은 '백리향 풀밭'을 지나 두루마리를 받고 '고난의 산'을 힘겹게 통과해서 '아름다운 궁전'에 들어간다. 거기서 분별(Discretion), 신중(Prudence), 자비(Charity), 경건(Piety)이라는 네 아가씨를 만나 이야기를 나누고 격려를 받는다. 네 아가씨로부터 방패, 흉패, 투구, 장갑 등의 무기를 선물로 받고 궁전의 높은 망루에 올라가 임마누엘의 땅 '기쁨의 산(Delectable Mountain)'을 바라본다. 네 아가씨와 작별한 크리스천은 믿음(Faithful)이라는 멸망의 도시에 살 때의 이웃을 만나 함께 '겸손의 계곡(Valley of Humiliation)' 안으로 들어간다. 거기서 아볼루온(Apollyon)과 혈투를 벌여 임마누엘의 섭리에 따라 이기고 '사망의 음침한 골짜기(Valley of the Shadow of Death)'를 지난다.

'사망의 음침한 골짜기'를 통과한 후 고향의 이웃이었던 믿음(Faithful)을 다시 만나 각자가 여행 동안에 경험한 이야기를 나눈다. 그리고 크리스천과 믿음은 '허영의 시장(Vanity Fair)'으로 들어가는데 그곳에서 물건 사기를 거부하여 억울하게 철창에 갇히고 결국 재판에 회부 되고, 믿음은 유죄를 받는다. 크리스천은 법정이 소란한 틈에 소망(Hope)이라는 청년과 함께 '허영의 시장'을 탈출한다. 크리스천과 소망은 탈출 후에 이기심(By-ends)이라는 신사를 만나는데 그는 중간에 둘을 따라가지 않고 세 명의 다른 길동무와 같이한다. 둘은 '광산언덕'으로 가는 도중에 재물(Lucre)이라는 노인을 만나 부에 대한 유혹을 받는다. 소망은 재물의 유혹에 잠깐 솔깃하나, 크리스천의 유도로 재물의 유혹을 벗어난다. 두 사람은 롯의 아내를 연상시키는 여인의 동상을 지나 강가에 이르러 복숭아와 배를 따서 먹고 '아담한 풀밭'에 누워 잠을 청하게 된다.

다음 날 아침에 다시 길을 떠난 두 사람은 아담한 '풀밭의 유혹'을 받았으나 결국 뿌리치고 풀밭을 헤매다가 비를 만나 길을 잃고 결국은 잠이 깊이 들고 만다. 두 순례자는 자다가 절망 거인(Giant Despair)에게 붙잡혀 지하감옥에 갇히게 된다. 지하감옥에서 절망 거인에게 매일 아침 구타를 당하던 두 순례자는 천성 길을 포기할 지경에 이르렀을 때 가지고 있던 두루마리를 읽어서 나온 열쇠로 감옥에서 탈출하고 의심의 성을 빠져나와 곧은길로 들어선다. 두 사람은 '기쁨의 산'에 당도하여 지식(Knowledge), 정직(Sincere), 경험(Experience), 주의(Watchful)라는 네 명의 목동의 안내를 받아 산 정상에 올라서 '실수의 벼랑(Cliff of Error)'을 조심스럽게 구경한다. 두 사람이 이곳을 떠나 천성으로 가는 길에 '속이는 자(Deceiver)'를 조심할 것과 '마법에 걸린 땅(Enchanted Ground)'에서 절대 잠들지 말라는 조언을 목동 경험으로부터 듣는다.

천성으로 가는 도중에 두 사람은 두루마리가 없는 사람의 종말을 보고, '속이는 자'의 속임에 말려드나, '빛나는 존재(Shining One)'에게 구출되어 곧은길로 들어선다. 두 사람은 하나님을 찬양하다가 잠에 들고, 다음날 무신론자(Atheist) 교수 노인을 만나 유혹을 받고 마법에 걸린 땅에서 졸렸으나 참고 마침내 뿔라(Beulah) 나라에 도달한다. 그리고 사망의 강(River of Death)을 건너 크리스천과 소망은 마침내 천성에 들어간다. 천성문으로 들어가는 순간, 눈 깜짝할 사이에 그들의 모습이 변한다. 그들은 머리에 면류관을 쓰고, 밝은 옷을 입고, 새로운 찬양을 노래한다. 거룩하다 거룩하다 거룩하다! 주님은 거룩하다. 크리스천은 황금빛 거리를 걸어 보았다. 그가 도시로 들어가니 누군가가 그의 손에 종려나무 가지를 들려주었다. 그는 찬양하며 그 땅의 주인인 임마누엘을 만나러 갔다. 그는 천성문이 닫히기 전에 그곳의 거리를 힐끗 보았다. 그리고 깜짝 놀라 벌떡 일어났다. 그 모든 게 꿈이었다.

천로역정은 꿈에 보는 천국에 이르는 길을 묘사하고 있는데, 이는 당시 유럽 기독교인의 성지순례에 대한 열망을 밑바탕에 두고 있다. AD 4세기에 기독교가 로마의 정식 국교로 선포된 후에 당시 황제의 모친은 친히 예루살렘을 비롯한 팔레스타인 지역을 둘러보았다. 이를 통해 팔레스타인 지역이 유럽인들의 성지순례 장소로 부상하였다. 역사적으로 '성지의 소유권 혹은 정당성'을 두고 관계되는 세력 간에 반목을 거듭하다가 AD 10세기경에 십자군 전쟁이 일어났다. 예루살렘 성지 관할 문제는 중세 시대에서 끝난 게 아니라 근현대까지도 계속 이어져 왔다. 대표적으로 19세기 유럽 열강인 프랑스와 러시아 제국은 오스만 튀르키예 제국이 지배하고 있던 예루살렘 성지의 관리 문제에 개입하려 했다. 지금도 아랍 세력과 유대 세력 간에 싸움이 치열하다. 서양 중세의 성지순례를 관광 산업의 초기 형태로 보는 견해도 있다. 옛날에는 배로 이동하고 직접 걸어야 했으므로 몇 달이 소요되었다. 세력자가 여행을 계획하고 비용을 충당하면 수행자들은 노력으로 봉사하고 더불어 구경하는 방식이다. 오늘날에는 여행자가 여행사에 정해진 비용을 지출하면 여행사는 관광단을 구성하고 비행기와 버스로 이동하여 며칠이면 성지순례가 끝난다.

성지순례(聖地巡禮, Pilgrimage)란 성지를 차례로 찾아가 참배하는 것으로, 종교적 의무 또는 신앙심 고취를 목적으로 하는 여행이다. 순례라는 말은 '먼 곳을 방랑함'을 의미하는데 힌두교와 남방불교의 순례 개념을 천착(穿鑿)해 보면, 성지순례란 성지를 향해 '건너가는' 행위와 그 성지에 대해 '예경'(禮敬)을 표하는 행위이다. 어느 종교냐에 따라, 가는 곳이 다르다. 가장 유명한 성지로 예루살렘이 있는데, 이곳은 유대교, 기독교, 이슬람 3개 종교의 성지로, 같은 도시 안에 예수 그리스도가 십자가형을 당한 성묘 교회도 있고, 유대교의 예루살렘 성전을 로마제국이 파괴한 뒤 그 자리 위에 이슬람이 세운 바위의 돔, 그리고 성전의 남은 흔적인 통곡의 벽 등이 뒤섞여 있다. 그로 인해 각종 종교적, 정치적 분쟁을 유발하기도 했다.

천주교 혹은 구교에서는 예루살렘 이외에 교황청이 있는 로마를 성지순례 장소로 친다. 천주교에서는 기독교가 전파되는 과정에서 유명한 장소와 인물을 성자와 성지로 크게 기념하고 있다. 이런 곳을 여행하는 일정도 성지순례라고 한다. 스페인의 산티아고 순례길이 유명한데 정식 명칭은 '산티아고 데 콤포스텔라(Santiago de Compostela)'로서 예로부터 유명한 가톨릭 성지이다. 오래전부터 순례자들이 산티아고 데 콤포스텔라를 향해 걷던 길은 현재도 그대로 쓰이고 있으며 지금은 순례자 이외에도 배낭여행자들의 명소가 되었다. 가톨릭에서 근현대에 생긴 새로운 성지로 프랑스에 있는 루르드(Lourdes), 포르투갈에 있는 파티마(Fátima) 등이 있다.

우리나라 기독교의 경우 기독교의 전래와 그 과정에서 일어난 순교 장소에 성지순례지가 집중되어 있다. 한국 천주교의 경우 새남터를 비롯한 성지들이 여러 곳 있다. 천주교 순교 성지로 조선시대의 관아나 읍성 부근에 많다. 서울대교구 성지순례 길은 교황청이 승인한 정식 성지순례지가 되었다. 한국 개신교 교회의 해외 성지순례로는 신약성경의 배경이 되는 곳을 찾아가는 이스라엘, 그리스, 터키 성지순례가 있고, 독일, 스위스 등의 종교개혁 장소를 찾아가기도 한다. 국내로는 양화진외국인선교사묘원을 많이 찾아가고 그 외에도 순교 성지나 초기 교회 유적지를 찾아가기도 한다.

이슬람의 경우 성지순례는 신자로서 해야 할 의무 중 하나로, 일생에 한 번 정도는 메카에서 성지순례 의식을 치러야 한다. 다른 종교에서는 성지순례가 하면 좋다는 식으로 선택사항이지만 이슬람교에서는 교리상 의무로 규정한다. 주변 사정 때문에 할 수 없다면 이 의무는 굳이 수행하지 않아도 된다. 메카는 모슬렘 외에는 출입 금지 도시이다. 모슬렘 여부는 국적으로 판단하는 것은 아니라서 한국인이라도 개종했다고 선언하면 사우디아라비아 비자를 받고 갈 수 있다. 메카 순례용 비자를 발급받은 순례자는 제다 공항 등 제한적인 입국 장소를 통해 사우디에 입국하여 사우디 당국이 제공하는 교통편을 통해 메카를 순례한 후 바로 출국해야 한다.

불교에서는 4대 성지인 마야데비 사원, 마하보디 사원, 사르나트, 쿠시나가르를 순례하기도 한다. 그 외에 앙코르 와트 같은 불교 유적을 순례하기도 한다. 일본 불교 종파 중에는 시코쿠에 있는 88개 사찰을 찾아가는 순례길이 있다. 시코쿠 88개 사찰을 모두 들른 뒤 와카야마현에 있는 고야산을 참배함으로써 순례를 마친다. 그 외에도 일본 각지에는 불교와 관련된 순례길이 여러 군데 있다.

23
천국의 도로

'그 열두 문은 열두 진주니, 문마다 한 진주요. 성의 길은 맑은 유리 같은 정금이더라.' (요한계시록 21장 21절)

'The twelve gates were twelve pearls, each gate made of a single pearl. The great street of the city was of pure gold, like transparent glass.' (Revelation 21 : 21)

'또 내가 네게 이르노니 너는 베드로라. 내가 이 반석 위에 내 교회를 세우리니 음부의 권세가 이기지 못하리라. 내가 천국 열쇠를 네게 주리니 네가 땅에서 무엇이든지 매면 하늘에서도 매일 것이요 네가 땅에서 무엇이든지 풀면 하늘에서도 풀리리라.'

(마태복음 16장 18, 19절)

　천국의 길은 무엇으로 어떻게 되어 있을까? 사도 요한이 본 천성의 길은 맑은 유리 같은 정금(正金)으로 되어 있다. 어떤 장로님이 이 세상에서 고생하며 모은 재산을 그대로 놓고 가기가 서러워서 전 재산을 팔아 금괴로 만들어서 품에 안고 죽었다고 한다. 천국에 당도하여 품에 있는 금괴를 보니 황금색은 간 곳이 없고 투명한 유리같이 보이더란다. 천국의 열쇠를 목에 걸고 있던 베드로가 장로님을 보고 환영의 인사를 한다. '장로님, 천국에 오시느라고 수고가 많으셨소. 그런데 장로님, 무엇 하러 금덩어리를 가지고 오셨소? 여기 천국에서는 모든 길이 정금(正金) 곧 순금으로 되어 있는데요.'

　이 세상에서 도로가 그냥 흙으로 되어 있으면, 비가 오면 길이 쓸려 나가고, 자동차가 다닐 때 흙물이 튕겨 나가서 여간 불편하지 않다. 그래서 도시의 도로나 고속도로는 아스팔트 아니면 시멘트로 포장되어 있다. 천국에 자동차가 있는지는 모르겠지만, 성경에 의하면 천성의 길은 투명한 유리 같은 순금으로 되어 있다고 한다. 그런데 금의 색깔은 노란색인 줄로 알고 있는데 투명하게 보이는 게 쉽게 이해가 안 될 수 있다. 금반지는 분명 노란색 계통이지만 이를 잘게 부수어 수십 나노미터 크기의 분말로 만들어 용액에 띄우면 금 분말의 크기에 따라 적색에서 주황, 노랑, 녹색에 이르는 다양한 색으로 보인다.

영국 런던의 대영박물관(Great British Museum)에 가면 AD 4세기 로마 시대 유리 세공품으로 리카거스 컵(Lycurgus Cup)이 전시되어 있다. 컵 밖에서 반사된 빛은 녹색으로 보이고, 컵 안으로부터 투과된 빛은 적색으로 보인다. 컵 안에 램프를 설치하고 켜졌다 꺼졌다 반복하면, 컵 바깥에 있는 관람자의 눈에는 컵 유리 부분의 색이 적색과 녹색으로 교대로 나온다. 현대 기술의 분석 결과는 이렇다. 나노미터 크기의 작은 금덩어리(gold cluster)들이 유리 속에 골고루 분산되어 있게 유리컵을 만들면 빛의 경로에 따라 다른 색이 난다. 이런 빛과 색에 관한 이야기는 필자의 저서 중에서 생활과학 에세이 시리즈 제1권인 '드림 스펙트럼'에서 다루고 있다.

현대 과학은 중세 시대의 종교적 억압이나 편견에 반발하여 생겨났다고 볼 수 있다. 르네상스(Renaissance) 시대를 거치며 갈릴레오(Galileo Galilei, 1564~1642)로 대표되는 지동설을 근간으로 기존의 가치체계가 바뀌고, 그리스와 로마의 정신을 계승하고, 인본주의와 지성을 중시하게 되었다. 실증주의를 입각하여 새로운 과학 지식을 확립하였다. 이 지식은 현재 학교 교육의 근간이 되고 있다. 최근 50여 년 동안 우리의 과학기술은 눈부시게 발달하고 있다. 우리 지식의 수준이 엄청나게 높아지고, 그 양이 엄청나게 많아졌다. 아마 창세기 11장 1~9절에 나오는 바벨탑이 현대에 재현되지 않을까 우려하기도 한다.

이러한 과학적인 지식으로 성장한 필자와 같은 전문가, 프로페셔널(professional), 스페셜리스트(specialist)들은 합리성으로 훈련되어 나름대로 자부심이나 독립심이 강하고, 독특한 고집이 있을 수 있다. 현대의 과학자나 전문직은 예수의 동정녀 탄생, 여러 기적과 기사들, 부활과 승천에 대한 회의가 있을 수 있다. 요한복음 20장 24~29절에 나오는 예수의 부활에 대한 도마의 의심과 그에 대한 예수의 대답이 대표적이다. '내가 그 손의 못자국을 보며 내 손가락을 그 못자국에 넣으며 내 손을 그 옆구리에 넣어 보지 않고는 믿지 아니하겠노라.' 이 말에 대한 예수의 답은 간단하다. '너는 나를 본 고로 믿느냐? 보지 못하고 믿는 자들은 복 되도다.(Because you have seen me, you have believed; blessed are those who have not seen and yet have believed.)' 전에는 비과학적이라고 생각되던 현상들이 이제는 새롭게 이해되고 설명된다. 현재 지식의 한계성을 인식하면, 앞으로 더 많은 비밀이 풀릴 것이다.

24
이생의 도로

　　　　　다음 사진은 현재 이스라엘의 중요 도시와 그 도시를 잇는 주요 간선도로를 표시한 것이다. 다윗이 여러 가지 불리한 여건 가운데서도 새 왕국의 수도로 예루살렘을 삼은 이유 중의 하나가 교통의 중심지였다는 사실이다. 이 지도에서도 나타나듯이 예루살렘은 이스라엘 영토의 중심에 자리 잡고 있고 남북 및 동서 간선도로가 교차하고 있다. 청동기 시대 이후부터 지중해 해안을 끼고 '해안길(Via Maris)'이 개척되었는데 이 도로는 이집트와 메소포타미아를 연결하는 중심도로가 되어 인적 및 물적 교류에 크게 이바지하였다. 팔레스타인의 해안지역을 통과하는 이 도로는 갈멜산, 이스르엘 계곡, 갈릴리 지역, 그

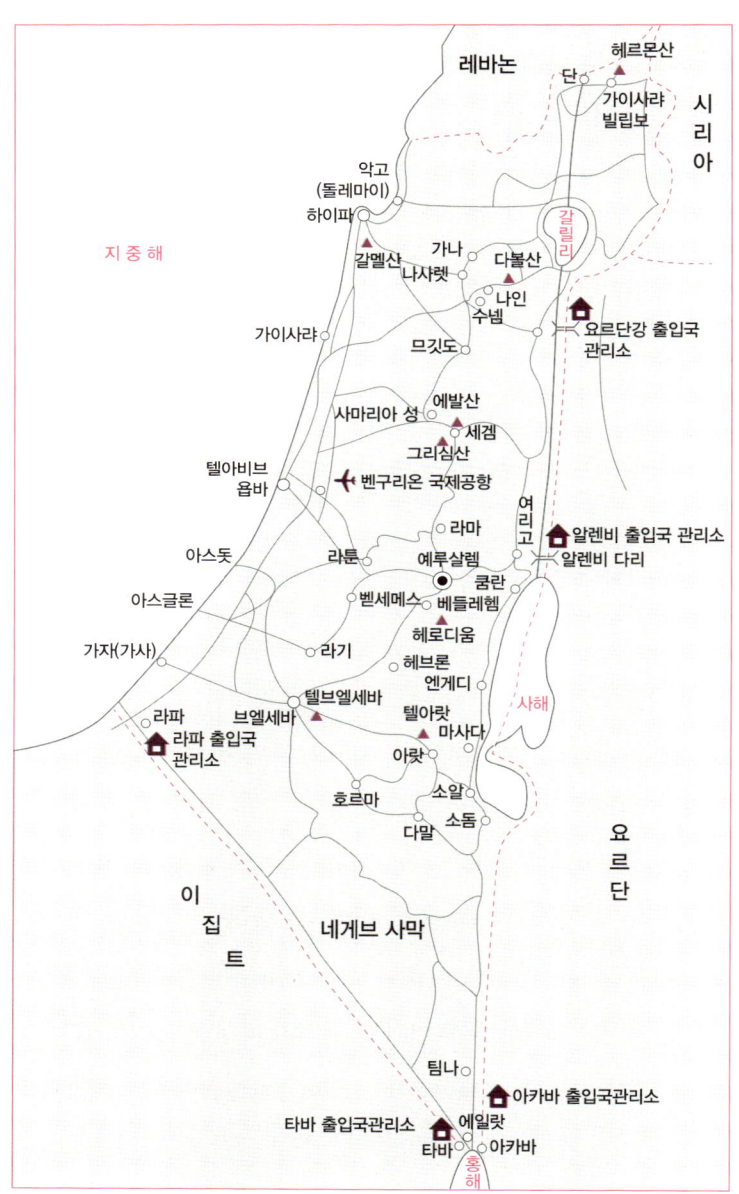

리고 골란고원을 거쳐 다메섹으로 연결된다. 청동기 시대부터 팔레스타인 주민들은 곡식과 과실을 경작하면서 동시에 양과 소 떼를 길렀다. BC 18세기에 이르러 근동지역에 대규모의 이주 물결이 지나갔다. 이 이주 물결은 북쪽으로부터 팔레스타인 전체 지역을 휩쓸고 지나갔고 더 나아가 이집트에 힉소스라는 외국 정복자들의 통치 시대를 가져왔다. 힉소스(Hyksos)가 전쟁에 도입한 기술적인 혁명은 말과 전차를 이용한 철병거(鐵兵車)였다. 철기 기술을 습득한 블레셋 민족(Philistines)이 후대에 이스라엘 민족을 괴롭힌 이야기가 구약 성경에 나온다. 블레셋은 지금의 팔레스타인 사람들이다.

히브리 족장들이 가나안에 도착한 것이 정확하게 언제인지는 알 수가 없다. 히브리인이었던 아브라함과 그의 식솔들은 이동하며 생활하는 반유목민이었다. 아브라함은 가나안 원주민들로부터 거주의 권리를 얻고자 여러 노력을 하였다. 그의 아들 이삭은 네게브 땅에서 농사를 지어 거부가 되었다. 제3세대인 야곱과 그의 자녀들은 스스로 가나안 지역의 완전한 주민으로 생각하였다. 이들은 주로 '산지길'을 선호하였다. 산지에는 각 지역을 잇는 '족장의 길'이 예부터 있어 왔다. 이 길은 비교적 인구가 많지 않은 지역을 지나는 도로로서, 해안평야지대의 풍요한 도시들과 충돌을 피할 수 있는 이점이 있었다. 지금은 위 지도에 나와 있는 길 이상으로 거미줄처럼 각종 도로가 뚫어져 있을 것이다. 특히 비포장 군사 도로나 지방도로가 많을 것으로 판단된다.

지금의 요르단 지역에는 예로부터 '왕의 대로(the King's Highway)'라는 길이 개척되어 이 일대의 교류를 동서남북으로 촉진하였다. 이 길은 남쪽으로 아라비아 사막에 연결되어 아랍계 유목민인 나바티안족(Nabatean)이나 베두인족(Bedouin)의 낙타를 이용하는 대상로(隊商路)가 되어 동부아프리카와 유럽으로 이어지는 국제무역을 가능하게 하였다. '왕의 대로' 근처에 천연요새인 페트라(Petra)와 옛날에는 길하레셋(Kirhereseth)이라고 불린 카락(Karak) 성(城) 같은 도시가 발달하였다. 후세에 이 지역에서 페르시아가 득세한 이후에는 밀려난 나바티안족이 유다 남부 네게브 사막 지역에 정착하면서 도시들이 세워졌고 물을 저장하는 기술이 크게 발전되었다. 이 물을 사용하여 생산된 농산물들은 네게브 지역을 지나가는 대상들에게 판매되었다. 이는 대상로가 바뀌었다는 이야기다. '왕의 대로'를 스페인어로 '엘 카미노 레알(El Camino Real)'이라고 한다. 미국 서부의 산호세(San Jose) 근처 실리콘 밸리 지역에 '엘 카미노 레알'이라는 도로가 있다. 뒤에 더 좋은 고속도로가 이 길과 평행하게 생겼지만, 이 길은 아직도 로컬 도로로서 크게 기능하고 있다.

동서양을 잇는 길로서 역사적으로 비단길(Silk road)이 유명하다. 실크 로드란 무엇인가? 그것은 문명적 혹은 기술적으로 우위인 중국과 후발인 유럽을 이어 주는 도보 길이었다. 중국에서는 누에의 나방으로부터 실을 뽑아 옷을 만드는 견직물 기술이 발달하여 질 좋은 비단을 만들 줄 알았으나, 유럽에서는 비단옷이 좋은 줄은 알았지만, 그 원료가 되는 비단을 만들 줄은 몰랐다. 처음에는 그 비단을 구하거나 판매하기 위하여 사람들이 주로 걸어서 왕래하는 길을 개척하였는데, 그 길을 후세 사람들이 실크 로드라고 이름 지었다. 나중에는 중국의 도자기나 기타 관련 기술을 거래하는 데 큰 역할을 하였다. 중국에서 유럽까지 이어지는 길은 중앙아시아의 고원지대와 사막지대를 통과해야 하는 험난하고 먼 길이었는데 도보와 마소, 낙타 등을 이용하여야 한다.

문헌상으로 이 실크 로드의 일부를 오래전에 여행한 사람이 우리의 조상인 신라의 혜초(慧超, 704~787)이다. 그의 인도 기행문인 '왕오천축국전(往五天竺國傳)'이 1908년 발견되어 동서 교섭 역사 연구에 귀중한 사료라고 평가되고 있다. 혜초가 언제 중국으로 건너갔는지는 기록이 나오지 않지만, 723년에 당나라의 광저우에서 시작해 해상으로 수마트라와 스리랑카를 거쳐 인도에 이르는 성적(聖蹟)을 순례하고, 오천축국(五天竺國) 등 40여 개국을 거쳐 727년 당나라 수도 장안(長安)에 돌아왔다. 혜초는 한반도 태생으로는 최초로 이슬람 문명권을 다녀온 사람인 셈이다. 여기서 기행문인 '왕오천축국전' 3권을 지었으나 전하지 않았는데, 1906~1909년 사이에 프랑스의 어느 학자가 중국 간쑤성(甘肅省) 지방을 탐사하다가 둔황 석굴에서 구매한 앞뒤가 떨어진 책 2권을 발견함으로써 세계적으로 사학 연구에 좋은 자료가 되었다. 혜초는 여행을 마치고 787년까지 당나라의 오대산(五臺山)에서 많은 불경을 한문으로 번역하다가 입적 즉 사망하였다.

유럽인으로서 실크 로드를 최초로 여행한 사람은 문헌상으로 마르코 폴로(Marco Polo, 1254~1324)이다. 그는 이탈리아 베네치아 공화국 사람으로, 17세 무렵에 고향을 떠나서 중국을 비롯한 아시아를 탐험하고, 1292년에 귀환하였다. 마르코 폴로는 아버지와 숙부와 함께 당시 중국인 원나라에 도착한 후 하급 관리로서 원나라를 위해 일하면서, 17년 동안 여러 도시를 돌아봤는데, 몽골, 미얀마, 베트남까지 다녀왔다. 고향으로 돌아와 제노바 전쟁에 출전하였으나 포로가 되어 1년간 감옥 생활을 하면서, 아시아 거류 시절의 이야기를 동료들에게 구술하였는데, 이때 수감 중이던 한 작가가 그의 여행담을 기록한 책이 '동방견문록'이다. '동방견문록'은 마르코 폴로가 여행한 지역의 방위와 거리, 언어, 종교, 산물, 동식물 등을 서술한 이야기책의 성격을 갖고 있다.

마르코 폴로는 이 책의 작가가 아니어서 '마르코 폴로는'으로 시작하는 3인칭 형태로 서술되어 있다. 또 저작권에 대한 개념이 없던 시대이므로 최초 출간 이후에 여러 언어로 수많은 판본이 만들어졌다. 마르코 폴로가 실제로 동방을 여행한 적이 없으며, 누군가에게서 들은 이야기를 모았거나 스스로 지어낸 이야기라는 추정도 있다. 현재는 마르코 폴로의 동방 여행 자체는 분명한 사실이며, 일부 과장된 부분들은 마르코 폴로가 일부 특정 지역에 대해 자신의 희망 사항 등을 덧붙였기 때문이라고 한다.

   옛날에는 먼 지역을 직접 발품을 팔거나 말이나 낙타의 도움을 받아 갔다. 그때는 길이 그다지 넓을 필요가 없었다. 그러나 군사용 도로는 넓고 곧아야 했다. 로마제국은 이러한 개념을 가지고 아피아 가도(Via Appia)를 만들었다. 마차나 전차가 움직일 수 있을 정도로 길이 넓어야 했고, 많은 병력이 빨리 움직여야 하므로 직선으로 도로를 만들었다. 강이나 계곡에서는 길과 같은 높이로 다리를 만들어 도로를 연결하였다. 또한 일부 지역에서는 도로가 관개수로와 같이 가도록 수도교(水道橋)를 건설하였다. 군대의 신속한 이동을 위해서 일반인과 병력이 도로에서 뒤섞이지 않도록 인도를 도로 옆 양편에 따로 만들었다. 로마의 가도 대부분은 포석으로 포장되어 있다. 또한 도로의 유지, 보수가 쉽도록 빗물에 대한 대책을 마련했는데 도로 중앙부는 높이고 가장자리는 낮게 아치형으로 만들어 비가 오면 빗물이 가장자리로 고이도록 만들었다. 도로 가장자리에는 배수구를 만들었다. 또한 물이 고이는 것을 방지하기 위해 포장의 최하층에 자갈을 깔았다. 아울러 도로 주변의 나무에 대해서도 특별히 신경을 썼는데 지하로 뻗는 수목의 뿌리가 도로에 좋지 않은 영향을 끼칠 수 있다고 보아 도로의 바로 바깥쪽에 나무 심기를 엄격하게 금지했다. 그러나 주기적으로 키가 크고 가지가 많은 나무를 심어 이동하는 병사들이 나무 그늘에서 휴식하도록 하였다. 아피아란 명칭이 정치가의 이름에서 따왔다는 설과 그 나무의 이름에서 왔다는 설이 있다.

'모든 길은 로마로 통한다'라는 말과 같이 로마는 제국의 통치를 위하여 로마를 중심으로 아주 체계적인 도로망을 구축하였다. 이러한 로마의 도로 건설 공법이 유럽에 그대로 전수되고 세계 전체로 퍼져 나갔다. 최근에 독일은 아우토반(Auto Bahn)이란 고속도로를 건설하여 자동차 전성시대를 열었고, 미국은 전국에 거미줄같이 자동차 고속도로(High Way)를 건설하여 넓은 국토를 연결하였다. 우리나라에서도 좁은 국토지만 지도자의 혜안으로 고속도로를 건설하여 산업의 발전과 국력의 신장을 도모하였다.

여태까지의 이러한 길은 모두 육지에 건설하였고 그 형체가 우리 눈에 보인다. 그러나 배가 중요한 교통수단으로 등장하고 바다를 이용하여 항해하는 일이 늘어나면서 뱃길의 중요성이 커졌다. 나일강과 같은 강을 운항하는 배는 가는 길이 정해져 있지만, 망망대해에서는 배가 지나가는 길은 금방 없어진다. 이를 위해 방향을 가리키는 나침반이 발명되어 널리 사용되었다. 우리 눈에 보이지 않지만 분명 뱃길은 있다. 또한 비행기가 나는 하늘에도 하늘길이 분명히 있다. 비행기의 경우 방위와 고도로 가는 길을 구분하여 나타내고 있다. 이를 무시하면 비행기끼리 충돌할 수밖에 없다. 이렇게 기계에 의존하다 보니 지상에서 자동차 운전 시에도 우리는 내비게이터에 의존할 수밖에 없어 이제 우리 모두 가는 방향을 모르는 길치가 되었다.

25
십자가의 길

'십자가의 길'이란 예루살렘에서 예수가 사형 선고를 받은 후 십자가를 짊어지고 골고다 언덕까지 걸어간 길을 뜻한다. 원어 Via Dolorosa는 '고통의 길'이라는 뜻이다. 일반인들도 자기가 지은 죄가 없는데도 받는 고통이 있으면 십자가를 진다고 말한다. 아마도 요즈음 유행하는 꽃길의 반대말 정도 될 것이다. 위의 예루살렘 지도에서 십자가의 길은 빨간색으로 표시되어 있으며 안토니아 성부터 성묘 교회까지 600m 정도 된다. 현재 이 길은 성지순례 코스가 되어 있으며, 예수가 지나가다 발생한 사건을 기준으로 8개의 이정표가 있다. 지금은 이 길이 주택가나 사람들로 북적대는 시장 골목이 되어 있고, 어

느 구간에서는 길이 없어져서 우회하여야 한다.

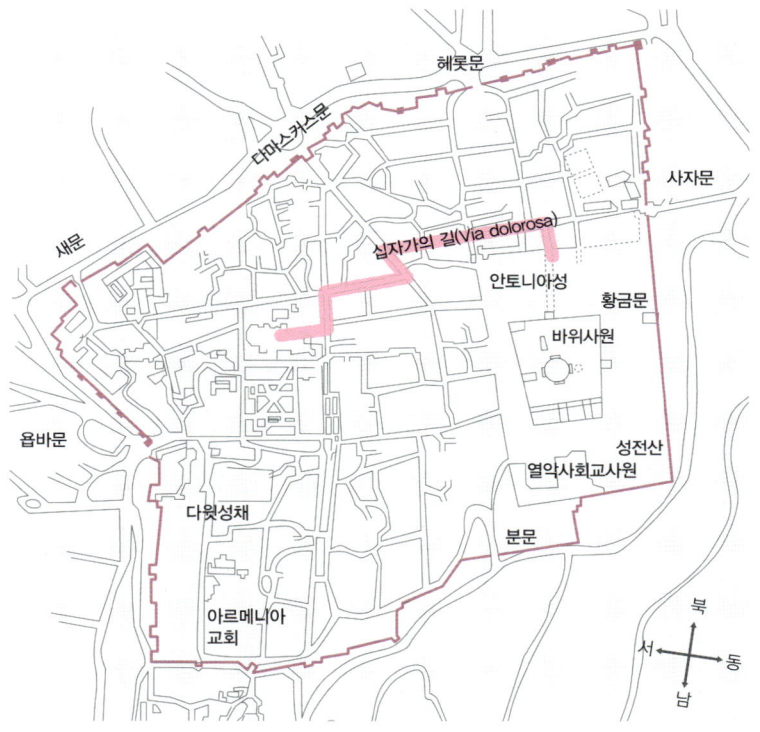

　가톨릭교회와 성공회에서는 부활절 때에 예수의 수난과 죽음을 기억하며 묵상하는 '십자가의 길' 기도가 봉헌된다. 옛날에는 우리나라 천주교에서 '성로선공(聖路善功)'이라고 불렀다. 이 기도는 예루살렘이 이슬람 세력에게 넘어가 성지순례가 어려워지자, 현지에 가지 않고 예수의 수난과 죽음을 기억하는 방도로 만들

어졌다. 천주교 성당이나 성지에 가면 보통 벽면에 조각 또는 그림으로 14처가 그려져 있거나, 옥외에 '십자가의 길'이 조성되어 있다. 경기도 안양시와 군포시 사이에 있는 수리산 성지에 있는 '십자가의 길'은 걸어 다니기에도 숨이 찬 비탈길에 있어 그리스도의 고난을 몸소 체험할 수 있게 되어 있다.

'십자가의 길' 14처는 다음과 같다. 제1처 예수가 사형 선고를 받음, 제2처 예수가 십자가를 짐, 제3처 예수가 기력이 떨어져 넘어짐, 제4처 예수가 모친 마리아를 만남, 제5처 시몬이 예수 대신 십자가를 짐, 제6처 베로니카가 수건으로 예수의 얼굴을 닦음, 제7처 기력이 다해 예수가 두 번째 넘어짐, 제8처 예수가 예루살렘 부인들을 위로함, 제9처 예수가 세 번째 넘어짐, 제10처 예수가 옷 벗김을 당함, 제11처 예수가 십자가에 못 박힘, 제12처 예수가 십자가 위에서 죽음, 제13처 제자들이 예수의 시신을 십자가에서 내림. 제14처 예수가 무덤에 묻힘. 천주교 신자들은 각 처를 이동하면서 해당하는 묵상 기도문이나 성경 구절을 읽고, 주님의 기도, 성모송, 영광송 등을 부른다. 예수 대신 십자가를 지고 간 구레네 사람 시몬은 덩치가 매우 컸다고 하는데. 그게 인연이 되어 시몬은 남은 삶에 예수를 믿게 되었다고 전해진다.

십자가에 못 박힌 예수는 죽기 직전 십자가 위에서 고통 가운데 일곱 번을 말했는데 이를 가상칠언(架上七言)이라고 한다. 첫 번째, 누가복음 23장 34절. 아버지여 저희를 사하여 주옵소서 자기의 하는 것을 알지 못함이니이다. 두 번째, 누가복음 23장 43절. 오늘 네가 나와 함께 낙원에 있으리라. 세 번째, 요한복음 19장 26~27절. 예수께서 그 모친과 사랑하시는 제자가 곁에 섰는 것을 보시고 그 모친께 말씀하시되 여자여 보소서 아들이니이다 하시고 또 그 제자에게 이르시되 보라 네 어머니라 하신대 그때부터 그 제자가 자기 집에 모시니라. 네 번째, 마태복음 27장 46절. 엘리 엘리 라마 사박다니.(나의 하나님, 나의 하나님, 어찌하여 나를 버리셨나이까?) 다섯 번째, 요한복음 19장 28절. 내가 목마르다 여섯 번째, 요한복음 19장 30절. 다 이루었다. 마지막 일곱 번째, 누가복음 23장 46절. 아버지여 내 영혼을 아버지 손에 부탁하나이다.

골고다(Golgotha) 언덕은 예수가 십자가형을 당한 장소이다. 골고다는 아람어로 해골, 두개골을 의미한다. 일명 갈보리(Calvary) 언덕이라고도 하는데 이는 라틴어로 해골이란 말에서 유래한다. 이곳은 구약 성경에서 아브라함이 외아들 이삭을 제물로 바치려 했던 자리라고 전해 내려온다. 우리나라의 대학에서 언덕이 있는 곳이나 캠퍼스 자체가 언덕 위에 있으면 별명으로 골고다가 붙는 경우가 있다.

　예수가 십자가형을 당하고 무덤에 매장되었다가 사흘날에 부활했다는 그 자리에 지금은 성묘 교회가 세워져 있다. AD 325년경에 로마 황제의 모친 헬레나가 성지순례를 하다가 발견한 예수의 빈 무덤 자리에 이듬해 로마 황제가 성당을 짓게 하였다. 이후 재건축을 거쳐 오늘날까지 1,600여 년이 넘도록 교파를 가리지 않고 세계 각지의 순례자들이 끊이지 않는 성지순례의 단골 코스가 되었다. 예수의 죽음과 부활의 장소라는 명성에 걸맞지 않게 낡고 주변은 시장과 모스크로 둘러싸여 있고 부지도 협소한 상태이다. 매년 수백만의 관광객이 찾아오는 로마의 성 베드로 대성당이나 스페인에 있는 산티아고 순례길의 종착지인 산티아고 데 콤포스텔라와 비교하면 초라하게 보일 정도인데, 이는 기독교와 이슬람교가 예루살렘을 놓고 공방전을 반복하면서 예루살렘의 주인이 바뀔 때마다 성묘 교회의 운명이 결정된 사실과도 연관이 있다.

　지금은 기독교계 여섯 개 종파가 서로 소유권을 주장하는데, 1852년 당시 예루살렘을 지배하던 오스만제국에서 기독교 종파별로 성묘 교회의 구역을 나누어 맡게 한 후 지금까지 이어진다. 개신교는 여기서 구역을 배정받지 못했는데, 당시에 개신교 전체를 대표할 만한 교단이 없고 예루살렘에서 개신교인의 수가 적어서 고려 대상에서 빠져버린 것으로 생각된다. 그래도 일반 개신교 신자들은 다른 그리스도인들처럼 성지순례로 방문하고 있다. 실제로 개신교 성지순례객들은 교파 간에 각축전이 험악하게 벌어지는 성지에서 강 건너 불구경하듯 꽤 자유로운 편이다. 종파 문제 때문에 건물의 어느 부분이 낡아 고치려고 해도 다른 종파 구역을 넘어서기에 제대로 고치지도 못하는 문제에 시달리고 있다. 교회 2층의 창 앞에 나무 사다리 하나가 외벽에 걸쳐 있는데, 이 사다리를 치우자는 종파 간 합의가 없었기에 오랜 세월 그 자리에 남아 있다. 1757년 '현상 유지(Status Quo)'가 발효된 이후로 그 자리를 꾸준히 지키고 있다. 300년 가까이 그 자리에 있었기에 '부동의 사다리(Immovable Ladder)'라고도 불린다.

정면의 현관으로 들어가면 바닥에 닳아서 윤이 나는 붉은색 대리석 하나가 깔려 있다. 이 돌판은 예수의 시신을 십자가에서 내려서 이곳에 눕히고 향유를 바르며 염한 성유석(聖油石, the Stone of Anointing)이다. 성유석 뒤에는 그 내용을 묘사하는 모자이크 성화가 있다. 이 돌 위에서 예수의 시신을 염했다는 전승은 십자군 전쟁 이후부터 알려진 것으로, 오늘날 볼 수 있는 성유석은 1810년에 깔았다. 그럼에도 종교적인 의미가 크기 때문에 성직자들이 성유석 앞에서 예배를 드리며 뿌리는 성유를 손수건이나 천에 적셔 가져가려는 순례자들로 항상 붐빈다. 각 나라에서 온 순례객들은 자기 나라의 말로 자신의 종교적 의례에 따라 성묘 교회 안에서 찬송하고 기도하고 있다. 참으로 시끄럽고 요란한 실내 분위기이다.

26
성자들의 행진

연세가 좀 드신 분들은 암스트롱(Louis Armstrong, 1901~1971)을 기억할 것이다. 필자로 보면 할아버지 연세 정도 된다. 그는 미국의 가수이자 재즈 연주가로 트럼펫을 불고 있는 사진이 유명하다. 루이지애나주 뉴올리언스의 불우한 가정에서 태어나고 자라나 재즈 음악가가 되어 시카고에서 흥행에 성공하였다. 우리 귀에 익은 그의 노래와 연주곡이 많지만, '성자들의 행진'이라는 우리말 제목인 'When the Saints Go Marching In'이 괄목할 만하다. 오래된 찬송가인 이 곡의 멜로디가 우리 귀에 익은 것은 다양한 스포츠의 여러 팀에서 응원가로 사용되기 때문이다. 팀의 주제곡으로 팀이 득점할 때 등에 응

원 팬들이 부르고 있다. 특히 이 곡은 손흥민 선수가 뛰고 있는 토트넘 핫스퍼 축구팀(Tottenham Hotspur FC)의 응원가로 무슨 이벤트가 있으면 수만 명의 팬들이 떼창으로 부르고 있다.

Oh, when the saints go marching in, (오, 성자들이 행진하여 오네.)
Oh, when the saints go marching in, (오, 성자들이 행진하여 오네.)
Oh, Lord, I want to be in that number. (오, 주여, 저도 그 숫자에 들고 싶어요.)
When the saints go marching in. (성자들이 행진하여 들어올 때.)

Oh, when the drums begin to bang, (오, 북을 치기 시작하네요.)
Oh, when the drums begin to bang, (오, 북을 치기 시작하네요.)
Oh, Lord, I want to be in that number. (오, 주여, 저도 그 숫자에 들고 싶어요.)
When the saints go marching in. (성자들이 행진하여 들어올 때.)

Oh, when the stars fall from the sky, (오, 별들이 하늘에서 떨어져요.)
Oh, when the stars fall from the sky, (오, 별들이 하늘에서 떨어져요.)
Oh, Lord, I want to be in that number. (오, 주여, 저도 그 숫자에 들고 싶어요.)
When the saints go marching in. (성자들이 행진하여 들어올 때.)

Oh, when the moon turns red with blood, (오, 달이 핏빛으로 붉어져요.)

Oh, when the moon turns red with blood, (오, 달이 핏빛으로 붉어져요.)

Oh, Lord, I want to be in that number. (오, 주여, 저도 그 숫자에 들고 싶어요.)

When the saints go marching in. (성자들이 행진하여 들어올 때.)

Oh, when the trumpet sounds its call. (오, 나팔 소리가 들려요.)

Oh, when the trumpet sounds its call. (오, 나팔 소리가 들려요.)

Oh, Lord, I want to be in that number. (오, 주여, 저도 그 숫자에 들고 싶어요.)

When the saints go marching in. (성자들이 행진하여 들어올 때.)

Oh, when the horsemen begin to ride. (오, 말 탄 사람들이 움직이네요.)

Oh, when the horsemen begin to ride. (오, 말 탄 사람들이 움직이네요.)

Oh, Lord, I want to be in that number. (오, 주여, 저도 그 숫자에 들고 싶어요.)

When the saints go marching in. (성자들이 행진하여 들어올 때.)

이 곡 가사의 기본은 네 줄이다. 간단하고 단순한 가사에 이 곡의 매력이 있는 듯하다. 첫째 줄과 둘째 줄은 그때그때 가사를 바꿔 부르면 되지만 두 줄은 항상 같은 구절이 반복된다. 가사가 바뀌어도 셋째와 넷째 줄의 가사는 항상 같다. 이 노래는 찬송가에서 유래되었는데 가사는 신약성경 끝에 있는 요한계시록(Revelation)의 내용이다. 여기서 셋째 줄의 가사 중에 '그 숫자'는 요한계시록 7장에 나온다. 이스라엘 자손으로 그 행진에 참여하는 사람들의 숫자는 지파 별로 12,000명씩인데 열두 지파이니까 전부 144,000명이 된다. 구약 성경 민수기(Numbers)에 보면 이스라엘 사람들이 이집트를 나와 2년쯤 지났을 때 20세 이상 남자들의 수효가 603,550명이라고 나오니 이를 비율로 대충 계산하면 24% 정도 된다. 여자들과 미성년자들을 고려하면 대충 열 명 중 한 명꼴이다. 요한계시록 7장 9절에 그 외의 각 나라와 족속과 백성과 방언에서 능히 셀 수 없는 큰 무리가 흰옷을 입고 손에 종려 가지를 들고 있다고 언급하여 그 숫자를 특정하지 않았다. 운동 경기에서는 출전 선수의 숫자가 정해져 있어 감독의 눈에 들어 시작 선수(starting member) 명단에 드는 게 선수들의 큰 희망이다. 악기를 연주하며 행진하는 무리를 밴드(band)라고 한다. 미국 서부 개척기에 악기 연주하는 사람들에게 알록달록한 의상을 입히고 분장을 시키고 마차에 태워 도시를 순례하였는데 이를 밴드 마차(bandwagon)라고 부른다. 나중에 자동차가 나오면서 마차 대신에 트럭이나 버스를 개조하여 사용하였다.

　미국의 서부가 개척되면서 인구가 북미의 서쪽으로 이동하기 시작하였다. 그 와중에 중부에 있는 시카고(Chicago) 지역이 크게 성장하여, 예술이나 산업의 중심이 되었다. 사람들이 늘어나면서 고기의 소비가 늘어나고 우시장이 형성되고 도축시설이 생겼다. 여기에 필요한 소를 공급하기는 서부 평원에 있는 목초지였는데, 그 목장을 관리하는 목동을 카우보이(Cowboy)라고 했다. 카우보이들은 각자 목장에서 열심히 소를 키우다가 때가 되면 소 떼를 몰고 시카고에 가서 팔고 돌아왔다. 이때 카우보이와 소 떼의 행렬이 장관이었을 것이다. 카우보이들이 움직이는 도중에 있는 마을들은 이 행렬로 인하여 여러 가지 문제를 겪어야 했다. 이런 마을의 아가씨를 비롯한 아낙네들이 은근히 카우보이의 행렬을 기다렸다고 한다. 시카고에 가서 새로운 세상을 보고 경험한 카우보이들이 소 판 돈을 챙겨서 돌아오니 여자들의 마음이 설렐 수밖에 없었을 것이다.

　이런 사회적인 배경을 묘사한 예술의 장르가 미국의 서부 영화였다. 존 웨인(John Wayne, 1907~1979)으로 대표되는 명배우들이 생겨났고 황무지였던 애리조나주(Arizona State) 등에 영화산업이 태동하였다. 뚜껑을 씌우고 네 필의 말이 끄는 사륜마차로서 철도 교통이 마련되기 전에 역(驛, stage) 사이를 오가는 운송수단인 역마차(驛馬車, stage coach)가 운행되었다. 영화의 흥행을 위하여 애리조나 카우보이(Arizona cowboy)라는 말이 생겨났고, 악당 총잡이나 보안관이 등장한다.

미국의 서부 개척은 빈곤과의 투쟁 과정이다. 이런 주제로 소설을 써서 1962년 노벨 문학상을 받은 사람이 작가 스타인벡(John E. Steinbeck, 1902~1968)이다. 미국 서부의 산호세 남쪽의 살리나스(Salinas)에서 태어나, 스탠퍼드 대학교(Stanford University)에 입학했지만 어려운 가정 형편으로 중퇴하였다. 1919년 그 당시에 스타인벡이 고향에서 대학교에 가려면 어떻게 했을까 가끔 생각해 본다. 아마도 학기 초에 마차를 타거나 걸어 철도역까지 가서 열차를 타고 학교에 가지 않았을까? 그리고 기숙사에 틀어박혀서 방학 때까지 열심히 공부해야 했겠지. 그는 '생쥐와 인간(Of Mice and Men)', '분노의 포도(The Grapes of Wrath)', '에덴의 동쪽(East of Eden)' 등의 작품을 남겼다. 그는 미국 자본주의의 형성과 정착 과정에서 개인의 희생을 주로 그려 사회주의 리얼리즘의 대표적인 작가라고 알려지게 되었다. 그가 작가로서 주로 활동한 지역은 미국 동부의 뉴욕시였다고 한다.

27
생명책

　생명책(Book of Life)은 성경에 나오는 말로서 구원받은 성도들의 이름이 기록되어 천국에 놓여 있다고 믿는 책을 말한다. 생명책의 존재는 아주 먼 옛날의 이야기인 구약 성경과 약 이천 년 전에 쓰인 신약성경 모두에 나온다. 구약 성경인 출애굽기 32장 32~33절에는 '그러나 합의하시면 이제 그들의 죄를 사하시옵소서. 그렇지 않사오면 원컨대 주의 기록하신 책에서 내 이름을 지워버려 주옵소서. 여호와께서 모세에게 이르시되, 누구든지 내게 범죄하면 그는 내가 내 책에서 지워버리리라.' 사도 요한(Apostle John)이 이천 년 전쯤 미래에 일어날 일로서 예언한 요한

계시록 3장 5절의 기록에 의하면, '이기는 자는 이와 같이 흰 옷을 입을 것이요 내가 그의 이름을 생명책에서 반드시 흐리지 아니하고 그 이름을 내 아버지 앞과 그 천사들 앞에서 시인하리라.'

생명책에 그의 이름이 기록된 사람은 천국에서 영생을 얻게 되고 이 생명책에 이름이 기록되지 않은 사람은 영원히 지옥에 던져진다. 첫 사람인 아담의 타락 이후에 하나님이나 인간이나 변함이 없어서 구약이나 신약시대나 기본적인 진리 구도는 같다. 자신의 이름이 생명책에 기록되려면 무엇을 어떻게 하여야 하나? 신약성경의 설명에 의하면 자신의 죄를 회개하고 예수를 주(主)라고 시인해야 한다. 생명책에 이름이 기록되는 것을 구원되었다(be saved)고 말한다. 구원의 조건으로 복음(福音)을 믿어야 한다. 복음(Gospel)이란 예수가 세상을 구원하러 메시아로 이 땅에 왔다는 복된 소식을 말한다. 예수 이전(BC)에는 이스라엘 민족을 통하여 예시적으로 율법(law)을 구원의 조건으로 제시했으나, 예수 이후(AD)에는 예수를 주라고 입으로 시인하고 믿는 사람이 구원된다.

기독교의 구원에 대한 이러한 관점은 사도 바울(Apostle Paul) 등에 의해 확립되었는데, 신약성경 로마서(Romans)에 자세히 설명되어 있다. 구원의 조건이 다소 황당해 보일 수 있으나 만물을 창조한 주인, 즉 조물주(造物主)의 권한이므로 피조물이 뭐라고 말할 수 없는 사항이라고 바울은 주장하고 있다. 이 점에 대해서 로마서 9장 21절에 '토기장이가 진흙 한 덩이로 하나는 귀히 쓸 그릇을, 하나는 천히 쓸 그릇을 만드는 권(權)이 없느냐'라고 말하고 있다. 그러면 복음이 전파되기 이전의 시대나 지역에 살다가 죽은 사람의 구원 문제는 어떻게 될 것인가를 두고 논쟁이 있을 수 있다. 예를 들어 우리나라 사람들이 세종대왕이라고 칭송하는 이도(1397~1450)의 이름이 생명책에 기록되어 있을까? 지금 이 땅에 있는 우리는 알 수가 없고, 조물주만이 알고 있다. 나중에 우리가 하늘나라에 가 보면 직접 확인할 수 있다. 우리 역사에 살생부(殺生簿)가 있었다. 이는 예를 들어 수양대군을 왕으로 옹립하여 정권을 장악하려고 정변을 모의한 사람들이 혁명이 성공하면 제거할 사람과 활용할 사람의 이름을 따로 기록한 명부라고 한다. 요즈음 말로 데스노트(death note)라고나 할까? 천국에도 이러한 명부가 있다는 말이다.

생명책에 이름이 기록되어 있어도 나중에 그 기록이 지워질 수도 있다. 구약 시대 모세 때뿐만 아니라 세상이 끝나는 말세까지 신자(信者)라도 자칫하면 생명책에서 이름이 지워질 수 있다. 메시아를 믿으면서도 하나님의 말씀을 버리는 악인을 시편 69편 28절에선 '저희를 생명책에서 도말하사 의인과 함께 기록되게 마소서'라고 기도하고 있다. 즉 그리스도인에게 하나님의 뜻인 성경의 가르침이 반드시 실천되어야 할 것이지 적당히 해도 되고 안 해도 되는 것은 아니다. 마태복음 5장 17절에 예수는 '내가 율법이나 선지자나 폐하러 온 줄로 생각지 말라. 폐하러 온 것이 아니요, 완전케 하려 함이로라.'라고 선언하고 있다. 하나님의 율법은 그리스도 예수를 통해 완전케 되었고, 거기에 가감하는 것은 멸망 즉 생명책에서 이름이 삭제되는 죄이다. 요한계시록 22장 18~19절에 따르면 '내가 이 책의 예언의 말씀을 듣는 각인에게 증거하노니 만일 누구든지 이것들 외에 더하면 하나님이 이 책에 기록된 재앙들을 그에게 더하실 터이요. 만일 누구든지 이 책의 예언의 말씀에서 제하여 버리면 하나님이 이 책에 기록된 생명 나무와 및 거룩한 성에 참예함을 제하여 버리시리라.'

하나님 말씀 중에 지극히 작은 계명 하나라도 지키려고 노력하는 게 영원한 생명 즉 영생에 들어가는 것과 관련이 있다. 마태복음 5장 19절의 기록에 의하면, '그러므로 누구든지 이 계명(誡命) 중에 지극히 작은 것 하나라도 버리고 또 그같이 사람을 가르치는 자는 천국에서 지극히 작다 일컬음을 받을 것이요 누구든지 이를 행(行)하며 가르치는 자는 천국에서 크다 일컬음을 받으리라.' 본질상 지옥에서 영원히 고통받아야 할 죄인이었던 자신의 이름이 생명책에 기록된다는 사실은 성도(saints)들에게 있어 매우 기쁘고 영광스러운 일이다. 자기 이름이 생명책에 기록되기를 바라고 오직 예수의 이름만 높아지고 영광 받기를 바라는 것이 구원받은 성도들이 마땅히 가져야 할 태도이다.

옛날에는 책은 손으로 쓴 글자가 새겨져 있는 두루마리(scroll)로 되어 있었다. 일일이 손으로 써서 보관했으므로 책의 부피에 제한이 있었다. 들어갈 수 있는 이름의 숫자도 얼마 되지 않는다. 지금 세계의 인구는 80억 명이 넘었다. 이미 죽은 사람의 수를 누적하면 어마어마한 숫자로 보인다. 필자가 젊었을 때 생각하기를 생명책 이야기는 무언가 잘못되어 있다고 치부하였다. 그 많은 사람의 이름을 써넣기에 문제가 있다고 생각하였다. 그러나 컴퓨터가 우리 일상생활에서 다반사가 되면서 의문이 풀렸다. 요즈음에는 아는 사람들끼리 대화방을 만들어 각 회원이 글이나 그림을 올릴 수 있고 저장하여 보관하고 있다. 이를 관리하는 회사는 모든 그룹의 대화 내용을 그때그때 저장하기 위하여 큰 용량의 저장 메모리가 있는 데이터 센터를 운영하고 있다. 우리는 지금 참 편리한 세상에 살고 있다. 수십억 명 이름의 기록은 큰일도 아니다. 또한 있던 이름을 얼마든지 지워버릴 수도 있다. 그 사람의 이름을 누르기만 하면 자료가 있으면 그 사람의 이력, 참고 자료, 관련된 영상을 검색할 수도 있다. 한 사람의 일생을 영상으로 남기는 것도 가능하다. 우리의 머리에 저장되는 사상(事像)의 메모리 용량이 크기는 하여도 충분히 저장해 둘 수 있는 유한한 크기이다. 다만 우리의 기억력이 그 자료들을 모조리 제대로 기억하지 못할 뿐이다. 옛날에 살던 분들은 책이라고 하면 아주 작은 용량이라고 생각했다. 그러나 영적 혜안 즉 비전이 있는 사람은 당시로서는 이해할 수 없는 컴퓨터의 존재를 인식하고 구원받는 성도들의 이름이 생명책에 기록된다는 표현을 썼다.

28

교동짬뽕

    요한복음 1장에 보면 예수가 열두 제자를 부르는 장면이 묘사되어 있다. 빌립이 나다나엘에게 나사렛 예수를 소개한 후에 나다나엘을 데리고 예수한테 나아온다. 요한복음 1장 47절에 '예수께서 나다나엘이 자기에게 오는 것을 보시고 그를 가리켜 가라사대 보라 이는 참 이스라엘 사람이라. 그 속에 간사한 것이 없도다.' 이어서 48절에 '나다나엘이 가로되 어떻게 나를 아시나이까? 예수께서 대답하여 가라사대 빌립이 너를 부르기 전에 네가 무화과나무 아래 있을 때에 보았노라.' 나다나엘(Nathanael)은 아마도 다른 성경 구절에 바돌로매(Bartholomew)로 소개되는 열두 제자 중의 한 사람이다. 여기서 예수가 나다나엘을 무화과나무

아래 있을 때 처음 보았다고 했는데 이게 무슨 말일까 하는 궁금증이 필자에게 한동안 있었다. 성지순례 도중 가이사랴 빌립보에 들렀을 때 가이드 목사님의 설명으로 그 궁금증이 풀렸다.

이스라엘 지방은 여름에 덥고 건조하다. 그러면 사람들은 한낮에 나무 그늘에 가서 쉰다. 보통 이스라엘에서는 수종으로 무화과나무를 많이 심는데 그 나무가 자라면 잎이 풍성하여 대낮에 넓은 그늘을 제공한다. 학교에 무화과나무를 심어 그 나무가 커지면 당시의 흔한 풍경으로 그 나무 그늘에 평상을 설치하고 앉아서 옛날 성경책을 소리 내어 읽었다고 한다. 나다나엘이 요즘으로 치면 초등학교 시절 교정의 나무 그늘에서 책을 읽을 때 예수가 그를 보았다는 말이다. 즉 나다나엘이 어렸을 때부터 영민하다는 동네의 소문을 듣고 예수가 평소에 그를 유의해서 관찰했다는 이야기이다. 예수의 다른 제자들이 갈릴리 호수에서 고기를 잡던 어부 출신이 대부분인데 나다나엘은 정식으로 율법 공부를 한 지식인이었다.

사람들은 어디에서나 이렇게 교정에 나무를 심었다. 필자가 다니던 시골의 초등학교에서는 운동장 가장자리에 쭈욱 미루나무를 심었는데 어릴 때는 그 나무가 크게 보였다. 나이 들고 찾아가 보았을 때 나무는 더 크게 자랐지만, 학교나 운동장이 왜 그렇게 작게 보이던지. 우리나라는 옛날부터 학교를 존중하였다. 교육을 중시하여 중앙에 성균관이라는 교육기관을 두어 인재를 양성하고 성균관의 위치는 대궐 근처에 두었다. 고을마다 향교를 설치하고 군역이나 조세를 면제해 주었다. 이러한 제도를 악용하여 나이 든 사람이 향교나 서원의 학생으로 등록하여 군역과 조세를 회피하는 폐단이 있었다. 이러한 폐단 등으로 백성의 원성이 잦자 조선시대 말기에 정권을 잡은 흥선대원군 이하응(李昰應, 1829~1898)은 서원을 철폐해 버렸다.

그런 향교가 설치되어 있는 동네를 교동(校洞)이라고 불렀는데 같은 지명이 전국에 여럿 산재해 있었다. 강화도의 교동에 우리나라 최초로 향교가 고려시대에 세워졌다고 하는데, 한자로는 교동(喬桐)이라고 쓴다. 아마도 그 당시에 아름다운 오동나무가 그 섬에 있었나 보다. 필자는 강화도 교동에 가 본 적이 있는데, 옛 향교 자리에 커다란 오동나무, 은행나무, 밤나무 등이 있었다. 서울특별시 양천구에 목동(木洞)이 있다. 근처에 오목교(梧木橋)가 있는 것으로 보아 이 일대에 오동나무가 많았었나 보다. 오동나무를 한자어로 오(梧)나 동(桐)이라고 표현한다. 벽오동(碧梧桐)이란 말에서는 두 글자를 다 쓰고 있다. 여기서 벽(碧)은 푸르다는 뜻으로 '벽안(碧眼)의 미녀' 같은 말에 나온다. 벽오동으로 거문고나 옷장을 만드는데 옛날에 딸애를 낳으면 집 근처에 오동나무를 심었다가 나중에 자라면 베어 딸애가 시집갈 때 장롱(欌籠)을 짜서 함께 보냈다고 한다.

우리나라에 교동짬뽕이라고 이름난 음식이 있다. 교동에 있지 않는 음식점의 간판에 이 글자를 써 놓은 걸 가끔 본다. 교동짬뽕의 원조 음식점은 강원(특별자치)도의 강릉시에 있나 본데, 그 지방에서 짬뽕 국물을 맛있고 시원하게 잘 만들어서 인기가 있어 전국적인 브랜드가 되었다. 우리나라 중국 음식점인 '중국집'에 있는 음식인 짜장면과 짬뽕이 중국에서는 맛볼 수 없는 우리나라 고유의 서민 음식이 되었다. 일단 음식 가격이 저렴하여야 하고 맛이 있어야 잘 팔린다. 일반인이 한 끼 때우러 가서 자주 시키는 면 음식으로 맵지 않은 음식으로는 짜장면, 매운 음식으로는 짬뽕을 주문한다. 다른 메뉴를 시켰어도 짬뽕 국물 좀 더 달라고 하면 그냥 무료로 준다.

맛있는 짬뽕이란 무엇인가? 짬뽕은 국물 맛이라고, 돼지고기를 볶아서 국물을 내기도 하고, 갖은 채소를 삶아 국물을 내기도 하고, 오징어 조개 바지락 등 각종 어패류를 넣고 끓여 국물 맛을 낸다. 짬뽕 중에 굴짬뽕이라는 메뉴가 있는데 겨울에 뜨끈뜨끈하게 먹으면 시원하고 맛있다. 이 요리는 보통 고춧가루는 안 들어가는데 싱싱한 굴로 국물 맛을 내는가 보다. 맛있는 짬뽕을 파는 업소는 나름대로 비법의 조리법인 레시피(recipe)가 있고 요즘은 그것을 특허로 등록해 두어 보호를 받고 있을 정도이다. 요즈음 중국집이나 대중음식점에 가면 짬짜면이라는 메뉴가 있다. 짬뽕과 짜장면을 트레이에 반반씩 주는 요리이다. 이런 유의 반반 메뉴로 볶음면과 짬뽕을 반반씩 주는 볶짬면이 있다. 치킨집에 가면 양념치킨 반에 소금구이 치킨을 반반씩 주는 반반치킨이라는 메뉴가 메뉴판에 적혀 있다. 이런 반반 메뉴가 더 있을 터인데, 완전히 상상의 영역이 아닌가 하는 생각이 든다.

한편 우리나라 음식이 된 서양 음식으로 돈가스가 있다. 돈가스는 돼지고기 커트렛(pork cutlet)의 일본식 표현으로 중국집의 탕수육처럼 고기가 들어가 있는 음식치고는 싼 편이고, 어린이나 여성들이 좋아한다. 돈가스는 돼지고기를 얇게 저미고 밀가루를 입혀서 튀긴 음식인데 맛있는 요리를 만들기 위해 요리사는 부단한 노력을 하나 보다. 돼지갈비가 들어가는 폭찹(pork chop)이란 서양식 요리도 들어보았다.

29
야금학자

'여호와께서 모세에게 일러 가라사대 내가 유다 지파 훌(Hur)의 손자요 우리(Uri)의 아들인 브살렐(Bezalel)을 지명하여 부르고 하나님의 신을 그에게 충만하게 하여 지혜와 총명과 지식과 여러 가지 재주로 공교한 일을 연구하여 금과 은과 놋으로 만들게 하며 보석을 깎아 물리며 나무를 새겨서 여러 가지 일을 하게 하고, 내가 또 단 지파 아히사막(Ahisamach)의 아들 오홀리압(Oholiab)을 세워 그와 함께하며 무릇 지혜로운 마음이 있는 자에게 내가 지혜를 주어 그들로 내가 네게 명한 것을 다 만들게 할찌니.' (구약성경 출애굽기 31장 1~6절)

필자는 대학교 갈 때 포항제철의 고로가 준공되어 쇳물을 뽑아내기 시작했다는 신문 보도를 보고 혼자 힘으로 금속공학과(金屬工學科)를 선택하였다. 고등학교 때 화학 과목은 암기가 많았고 물리는 원리 이해가 중심이었는데 나의 성적은 화학 과목이 물리 과목보다 더 위였다. 물리 선생님은 내가 금속공학과에 들어갔다고 하니까 너는 화학을 잘하니 잘 선택했다고 말씀하셨다. 1972년 서울대학교 공과대학 금속공학과에 입학하고 2학년부터 전공과목을 공부하는데, 선배들이 칠판에 금속(禁俗)이라고 한자로 써서 무언가 특별한 게 금속공학과에 있는 것처럼 생각되었다. 영어로 금속공학을 Metallurgy라고 하는데 야금학이라고 번역하기도 한다. Metallurgist는 야금학자라고 번역하는 게 무리는 아닌 듯싶다. 공부하는 교과목은 크게 물리야금과 화학야금으로 분류되었다. 화학야금 과목은 주로 광석을 채취하여 금속 원소를 뽑아내는 과정을 다루고 물리야금 과목은 고체인 금속에서 원자 구조와 재질의 상관관계를 주로 취급하였다. 3, 4학년 여름방학 동안에 포항제철과 인천제철에 실습을 나가서 제철공장 현장을 경험하고 내 적성에 맞지 않음을 발견하여 졸업하면 공장 근무보다는 연구 개발 분야에서 일하겠다고 생각하였다.

마침 미국 등 선진국에서는 고체물리학 발전의 영향으로 금속, 산화물, 심지어 고분자 플라스틱까지도 모두 고체로 통합하여 재료과학 및 재료공학(Materials Science & Engineering)이라는 명칭이 유행하였다. 물리야금이나 화학야금이란 용어가 무색해지기 시작하였다. 그 당시 설립된 지 얼마 되지 않은 한국과학원(Korea Advanced Institute of Science, KAIS)의 석사과정에 재료공학과가 있었다. 당시에 그곳에서 2년의 석사과정을 마치고 국가기관에 근무하면 군대를 면제해 주는 제도가 있었다. 재료공학과 분말야금연구실에서 석사학위 논문을 쓰고 1978년에 바로 옆에 있는 한국과학연구소(Korea Institute of Science and Technology, KIST)에 들어가서 재료시험실과 철강재료연구실에서 근무하였다. 4년여 후인 1982년에 미국의 MIT(Massachusetts Institute of Technology)로 유학을 떠났다. 그때는 나름대로 업계의 동향을 파악한 터라 용접공학이나 전자재료를 전공하면 귀국하여 좋은 조건의 직장을 잡을 수 있을 것 같았다. MIT의 학과 이름은 재료과학 및 공학과(Department of Materials Science and Engineering)이었다. 탐색과 교수 면담을 거쳐 전자재료 연구팀에 합류하였다.

약 5년여 동안 반도체 재료인 GaAs의 열처리와 결함의 상호작용에 관한 실험과 연구를 수행하여 박사학위 논문을 썼다. 졸업에 즈음하여 미국의 대기업 연구소와 학교 근처의 소기업에 취직을 시도하여 보았으나 영어에 자신이 없었고 입사 후에 일을 잘할 자신이 없었다. 마침 대우 그룹에서 반도체 인력을 뽑는다는 연락이 와서 대우 뉴욕 지사에 가서 김우중 회장님과 면담하고 대우에 들어가기로 결심하였다. 그때는 반도체 산업의 초창기였는데 대우 그룹은 미국 산호세에 있는 ZyMOS라는 소형 종합 반도체 회사를 인수하고 거기서 일할 인력을 뽑는다고 하였다. 그러나 막상 1987년 11월에 입사하고 보니까 자이모스의 공장인 반도체 제조시설(FAB)을 한국의 대우통신으로 이전되는 계획을 잡아놔서 미국 현지에서는 6개월 동안 연수한다는 계획이었다. 어쨌든 6개월 정도 실리콘 밸리에 머문 후에 보스턴 MIT 졸업식에 참석하여 박사학위를 받고 귀국하였다. 미국에서 도입하는 설비와 새로운 설비를 설치할 새로운 FAB이 건설되고 새로운 조직이 꾸려졌는데 필자는 그 책임을 맡는 부장으로 임명되었다. 자체적으로 설계한 비메모리 반도체 제품이 없어서 새로운 FAB에 설비를 설치하고도 생산할 제품이 없었다. 5인치나 6인치 실리콘 웨이퍼 FAB이 주류인 시절에 4인치 FAB이라는 불리가 작용했으나 자체 제품이 없다는 게 가장 안타깝게 느껴졌다. 결국 일본의 소규모 반도체 회사를 상대로 웨이퍼 파운드리(Wafer Foundry) 영업을 할 수밖에 없었다. 어려운 여건에서도 후배 직원들의 도움이 컸다.

이렇게 파운드리 관련 영업과 기술을 담당하면서 일본에 자주 출장을 가고 5년이 지난 후에 이사(부)로 진급하고 영업 담당 이사로 자리를 바꾸었다. 영업부장 시절에 싱가포르, 홍콩, 대만 등에 출장을 다니면서 나름대로 식견을 넓힐 수 있었다. 그 뒤 대우 그룹 내에서 반도체사업부의 소속이 대우통신에서 ㈜ 대우로 다시 대우전자로 바뀌었다. 대우전자 시절인 2000년에 유럽의 세계적인 반도체 회사인 STMicroelectronics와 합작 법인으로 대우에스티반도체설계(DSSD) 주식회사를 서울에 설립하고 필자는 그 대표이사가 되었다. 그러나 대우 그룹이 공중 분해되면서 합작 법인이 정리되고 필자는 그 회사의 장비와 인원을 중심으로 2001년에 벤처회사를 설립하였다. 당시 경제 위기 극복 방안으로 벤처기업 설립이 붐이었으나 필자의 경험 부족과 비메모리 반도체 제품의 고질적인 문제로 회사가 어려웠다. 1년여의 노력 끝에 회사를 정리하고 국책사업을 관리하는 KIST의 나노소재기술개발단의 기술기획팀장으로 옮겨 갔다가 2004년에 한국산업기술대학교 신소재공학과 교수로 부임하였다. 2020년 3월에 그 학교에서 정년으로 퇴임하였다. 은퇴 후 3년을 퇴직자로 보내다가 글을 쓰기 시작하여 드디어 출판사를 설립하고 자신의 책을 발간하였다.

이상으로 자신이 브살렐의 후예(後裔)라고 생각했던 필자의 일생 중 지나온 길, 즉 직업적인 이력(履歷)을 요약해 봤다. 위에 인용한 한글 성경 구절만 보면 브살렐과 오홀리압은 재료공학 연구자의 선구자처럼 보인다. 그러나 영어 성경을 보면 이들은 회막(會幕, Tent of Meeting) 혹은 성막(聖幕, Tabernacle)과 거기에 필요한 성물(聖物)의 디자인과 제작을 책임지고 있다. 요즘의 직업으로 치면 그들은 조각가나 공예가처럼 미술 분야에 소질이 있는 사람들이다. 이들의 디자인과 제작을 위해서 드는 원재료는 이미 준비되어 있어야 한다. 필자의 세대는 가난하여 미술 등을 생각할 겨를이 없이 학과 공부만 했지만, 필자의 밑 세대를 보면 미술이나 음악적인 예술 분야의 재능이 있어 보인다. 필자의 장남은 전자공학을 공부하여 아버지와 비슷한 길을 걷고 있지만, 차남은 만화 그리는 손재주가 있어서 웹툰 작가로 직업의 길을 잡고 있다. 돌아가신 외삼촌은 손재주가 있어 나무로 된 도장을 직접 파서 썼고, 이종사촌 중에서 미술을 전공한 사람이 있고, 외사촌의 자녀 중에 음악적 소질이 보인다. 우리 가계에 예술적인 DNA가 흐르고 있는 듯하다. 필자도 지금까지 공학을 공부하고 그 기술로 생활을 영위했지만 글 쓰는 재주가 있는 것을 보면 이과보다는 문과의 재질이 더 있어 보인다.

30
선한 사마리아인

　　　　　　　　　신약성경 누가복음 10장 후반부를 보면 자비를 베푼 사마리아인의 이야기가 나온다. 누가복음 10장 30절에서 36절까지 이런 구절이 나온다. '예수께서 대답하여 가라사대 어떤 사람이 예루살렘에서 여리고로 내려가다가 강도를 만나매 강도들이 그 옷을 벗기고 때려 거반 죽은 것을 버리고 갔더라. 마침 한 제사장이 그 길로 내려가다가 그를 보고 피하여 지나가고, 또 이와 같이 한 레위인도 그곳에 이르러 그를 보고 피하여 지나가되, 어떤 사마리아인은 여행하는 중 거기 이르러 그를 보고 불쌍히 여겨, 가까이 가서 기름과 포도주를 그 상처에 붓고 싸매고 자기 짐승에 태워 주막으로 데리고 가서 돌보아 주

고, 이튿날에 데나리온 둘을 내어 주막 주인에게 주며 가로되 이 사람을 돌보아 주라. 부비(浮費)가 더 들면 내가 돌아올 때에 갚으리라 하였으니, 네 의견에는 이 세 사람 중에 누가 강도 만난 자의 이웃이 되겠느냐.'

이 구절은 우리의 이웃이 누구냐는 질문에 대한 예수의 답이다. 예루살렘과 여리고는 약 20km 떨어져 있는데, 요즘 자동차로는 금방 갈 수 있는 가까운 거리지만 당시에는 걸어서 갈 수밖에 없는 산길이었다. 특히 예루살렘은 해발 750m나 되는 유다 산지 한가운데 있고, 여리고는 해저인 요단강 계곡에 있으므로 그 길은 험한 산길이고 강도가 출몰하는 지역이 있었나 보다. 그 위험한 길을 한 사람이 걸어가다가 강도를 만나 거의 죽을 정도로 얻어맞은 모양이다. 당시에 유대인의 지도자급인 두 종교인이 그곳을 지나가면서 그 사람을 외면하였지만, 어떤 사마리아인이 그에게 다가가 상처를 치료하고, 숙박 시설로 운반하여 재우고 치료비까지 부담한 미담을 예수가 소개하며 세 사람 중 누가 그 강도 만난 사람의 이웃이냐고 묻는다.

사마리아 산지는 이스라엘의 영토 중에서 갈릴리 산지와 유다 산지 사이에 있는 산간 지역인데 이곳에 거주하는 사람들을 사마리아인이라고 한다. 유대인과 사마리아인들은 모두 이스라엘 왕국 시대까지 같은 히브리인, 즉 동족이었다. 사마리아인도 모세 5경인 토라를 믿는다. 솔로몬의 사후에 왕국이 남북으로 갈린 후 북쪽 왕국의 후손(後孫) 사마리아인은 역사적으로 이민족의 탄압을 받으면서 인종적으로 종교적으로 이민족과 혼합되었다. 이러한 역사적 사실과 사마리아인이 이방 문화에 오염되었다는 유대인들의 인식이 두 집단 사이에 갈등과 긴장을 유발하였다. 이러한 긴장은 요한복음 4장에서도 보인다. 예루살렘이 있는 유대 산지를 떠나서 고향이자 주요 사역 지역이었던 갈릴리 지방으로 가는 예수가 사마리아 산지의 수가(Sychar) 성에 들렀을 때, 우물가에서 예수를 본 한 사마리아 여자가 요한복음 4장 9절에서 말한다. '당신은 유대인으로서 어찌하여 사마리아 여자 나에게 물을 달라 하나이까 하니 이는 유대인이 사마리아인과 상종치 아니함이러라.'

다시 강도 만난 사람 이야기로 돌아가서 누가복음 10장 37절에 보면 '가서 너도 이와 같이 하라'고 예수가 질문자에게 명한다. 여기서 질문자는 바로 우리들이라고 볼 수 있다. 역사나 종교적인 규정으로 너무 따지지 말고 착한 일을 하라고 예수가 우리에게 주는 명령이다. 이런 가르침을 따라 미국에 가면 '선한 사마리아인 병원(Good Samaritan Hospital)'이라는 간판이 곳곳에 보인다. 세계적으로 많은 나라에서 위에 인용한 제사장이나 레위인과 같은 행위를 구조거부죄 또는 불구조죄로 처벌한다. 이를 '착한 사마리아인의 법(The Good Samaritan Law)'이라고 한다. 이는 자신에게 특별한 위험을 발생시키지 않음에도 불구하고 곤경에 처한 사람을 구해주지 않은 행위를 처벌하는 법이다. 이 법은 근본적으로 곤경에 처한 사람을 외면해서는 안 된다는 도덕적인, 윤리적인 문제와 연결된다. 그러나 법과 윤리는 별개라는 입장에서 개인의 자율성을 존중하여 법이 도덕의 영역에 간섭해서는 안 된다는 의견도 있다. 예를 들어 물에 빠진 사람을 충분히 구해줄 수 있음에도 불구하고 구해주지 않은 사람을 도덕적으로 비난할 수는 있어도 법적으로 처벌할 수는 없다는 논리이다. 우리나라의 법체계에서는 불구조죄가 적용되지 않는다. 단, 노인, 영아, 직계존속, 질병 등의 사유로 부조(扶助)가 필요한 사람을 보호할 의무가 있는 자가 그들을 유기한 때에는 유기죄로 처벌받는다. 우리나라의 '의사상자 예우에 관한 법률'에서도 이 법의 정신이 반영된 흔적을 볼 수 있다.

끝내는 글

○

○
•

'나 가난 복지 귀한 성에 들어가려고, 내 중한 짐을 벗어 버렸네. (I've cast my heavy burdens on Canaan's happy shore, I'm living where the healing waters flow;)' (한영찬송가 221장, 1절 첫 줄)

필자가 초신자일 때 이 찬송가를 따라 부르면서, '가난 복지'의 복지를 복지(福祉)로 이해한 적이 있다. 교회에서 가난한 사람의 복지에 신경을 많이 쓰는구나! 그 뒤에 영어로 된 가사를 보고 '가난'이 가나안의 준말임을 알게 되었다. 기독교의 교리를 공부하게 되면서 복지가 한자로 표기하면 복지(福地)임을 알게 되었다. 이 찬송가를 부를 때마다 전통적으로 풍수지리설 등의 영향으로 땅에 민감한 우리 조상님들의 기호에 맞는 가사 번역이구나 하는 생각을 한 적이 있다. 이 찬송을 자주 부르면서, 영어 가사로 첫 줄 끝에 있는 말이 한글 찬송에 여러 번 반복되고 후렴의 중심 구절임을 알게 되었다. '저 생명 시냇가에 살겠네.'

가나안 땅이 무엇인가? 출애굽기 3장 8절에 보면, 광야에 도피하고 있는 모세에게 여호와가 사명을 주면서 '내가 내려와서 그들을 애굽인의 손에서 건져내고 그들을 그 땅에서 인도하여 아름답고 광대한 땅, 젖과 꿀이 흐르는 땅 곧 가나안 족속 등의 지방에 이르려 하노라.' 즉 이스라엘 족속을 이집트에서 집단으로 가나안 땅으로 옮기겠다는 프로젝트를 발표하고 있다. 이 프로젝트의 리더로 모세가 지명되는 것이다. 여기서 목적지를 '젖과 꿀이 흐르는 땅(a land flowing with milk and honey)'이라고 설명하고 있다. 무릇 모든 프로젝트는 목표를 과장하고 미화한다. 이 표현은 땅의 비옥성이나 생산성을 함축적으로 나타내는 말로 그동안 해석하였다. 그 말이 사막의 유목민들이나 이집트에서 종살이하는 히브리 사람들에게는 먹을 음식이 풍부한 땅을 묘사하는 것으로 받아들여질 수 있다.

그러나 이 말은 이스라엘의 실제 지리적인 상황과는 다소 거리가 멀다. 일 년 중 절반 이상이 고온 건조한 자연환경과 그 당시에는 개발의 조건마저도 그 가능성이 희박한 땅이 이스라엘이었다. 이스라엘의 주변 지역에 '비옥한 초승달 지역'이 있지만, 대부분 사막 내지는 준사막 지역으로 둘러싸여 있고, 이스라엘 백성이 중심 무대로 삼았던 산간지방은 대부분 바위로 뒤덮여 있는 척박한 지역이다 보니, 과연 '젖과 꿀이 흐르는 땅'이라는 표현이 적절한가 하는 생각이 든다. 과연 '젖과 꿀이 흐르는 땅'인 가나안 복지는 어디에 있을까? 과거에는 기름진 땅이었으나 험난한 역사를 겪으면서 본래의 아름다움은 파괴되고 지금은 황폐한 현실이 되었나? 성경 신명기(Deuteronomy) 8장 7~8절에서 가나안 땅을 좋게 표현하고 있지만 자세히 뜯어보면 그렇지 않다. '네 하나님 여호와께서 너로 아름다운 땅에 이르게 하시나니 그곳은 골짜기에든지 산지에든지 시내와 분천(噴泉)과 샘이 흐르고 밀과 보리의 소산지요 포도와 무화과와 석류와 감람들의 나무와 꿀의 소산지라. (For the LORD your God is bringing you into a good land – a land with streams and pools of water, with springs flowing in the valleys and hills; a land with wheat and barley, vines and fig trees, pomegranates, olive oil and honey.)

가나안 땅에 대한 이해와 혼동은 판단의 기준 곧 비교의 기준을 잘못 잡은 데에 있다. 가나안의 참모습과 의미는 이스라엘 백성이 사막지대에서 40년간 노숙 생활하였던 상황에서 그들을 인도한 하나님께 감사하는 마음가짐으로 보아야 한다. '젖과 꿀이 흐르는 땅'이란 표현에서 젖이란 목축을 지적하고 꿀은 농경을 의미한다. 가나안 땅에 들어가기 전에 모세가 보낸 열두 명의 정탐꾼이 포도, 무화과, 석류로 세 종류의 과일을 가져왔을 때, 그 과일들이 '젖과 꿀이 흐르는' 증거로 생각하였다. '젖과 꿀이 흐르는 땅'이라는 표현은 가나안 땅의 비옥성을 과장한 것이라기보다 그 땅에서 생산의 가능성에 대한 진솔한 표현이라고 볼 수 있다.

창세기에 의하면 에덴동산은 하나님과 인간, 인간과 인간, 인간과 자연 사이에 완벽한 조화를 누릴 수 있는 땅이었다. 그러한 조화로운 삶은 에덴에서 발원하여 네 방향으로 흐르는 풍부한 물 근원에서 찾을 수 있다. 성경에서 말하는 풍부한 수원과 강의 이미지는 영적인 의미를 갖는데, 에덴동산에서 누리는 완벽한 조화와 풍요로운 삶으로 받아들일 수 있다. 창세기 3장에서 보듯이 인간의 원죄로 말미암아, 인간은 창조주로부터 단절되고, 인간과 인간 사이가 단절되고, 에덴 땅으로부터 추방당하였다. 우리 인간은 서로 싸우며 우리 맘대로 살았다. 그 뒤 하나님께서 갈대아 우르에서 아브라함을 불러내어 가나안 땅으로 가게 하여 인류 구속사를 향한 부름이 시작되었다. 가나안 땅이 가뭄으로 사람이 살 수 없게 되어 히브리인들이 이집트로 집단 이주하였고 몇백 년 뒤에 이집트를 집단으로 탈출한 그들이 고생 끝에 가나안땅으로 들어갔다. 그 뒤에 우리가 알고 있는 역사를 보면 히브리인들은 페르시아나 로마의 압제를 경험하고 노예로 전락하기도 하였다. 예수가 메시아로 와서 인류의 역사가 크게 바뀌었지만, 예수의 존재를 인정하지 않는 그들은 다시 가나안땅에서 추방되어 전 세계에 흩어지는 디아스포라의 신세가 되었다.

인류의 역사는 우리 인간의 뜻대로 되지 않는다. 예수를 믿는 기독교가 전 세계로 뻗어나가면서 십자군 운동으로 예루살렘을 탈환하는 등 변화가 보였지만, 우리 인간의 역사는 중세의 암흑기로 접어들고 가나안 일대는 이슬람의 영향권에 들게 되었다. 그동안 종교개혁이라는 이름으로 기존 교황의 권위에 도전하고 교리를 재해석하는 운동이 일어났다. 우리 인간의 지성은 과학과 기술의 진보를 이루며 오늘날의 모습으로 발전하였다. 유대인들은 불리한 여건에서도 그들의 말과 문자와 문화를 지키며 현재까지 살아남아 현재 그 땅에 나라를 재건하였다. 현재 그 지역은 새로 진출한 유대인과 그 땅에서 대를 이어 살아온 아랍계 주민과의 갈등으로 전쟁을 치르고 있고 세계적인 갈등으로까지 비화될 소지가 있다.

　요한복음 14장 6절을 보면, '예수께서 가라사대 내가 곧 길이요 진리요 생명이니 나로 말미암지 않고는 아버지께로 올 자가 없느니라.' (Jesus answered, I am the way and the truth and the life. No one comes to the Father except through me.) 이 말이야말로 기독교의 교리를 집약한다고 필자는 생각한다. 종교개혁을 처음으로 주창한 루터(Martin Luther, 1483~1546)의 모국어인 독일어로 중심 구절을 표현하면 이렇다. 'Ich bin der Weg, die Wahrheit und das Leben.' 독일어로 길과 진리와 생명은 각각 남성, 여성, 중성 명사로 공평하게 나뉘어 있네. 예수를 믿는 것이 바로 천국에 이르는 길이요, 이것이 바로 진리이고, 영원한 생명을 얻는 것이다.

강찬형

돌·물·길

1쇄 인쇄　2024년 7월 22일
1쇄 발행　2024년 7월 30일

지은이　　강찬형
펴낸이　　강찬형
펴낸곳　　무지개꿈
신고번호　제2023-000025호
신고일자　2023년 2월 7일
주소　　　서울시 송파구 올림픽로 35길 104, 24동 702호
팩스　　　0505-055-2328
이메일　　chanhkang@naver.com

ⓒ 강찬형 2024

ISBN 979-11-982929-8-8 (00230)

- 이 책은 저작권법에 따라 보호받는 저작물이므로 무단 전재와 무단 복제를 금지하며, 이 책 내용의 전부 또는 일부를 이용하려면 반드시 저작권자와 무지개꿈의 서면 동의를 받아야 합니다.
- 잘못 만들어진 책은 바꾸어 드립니다.
- 책값은 뒤표지에 있습니다.